일본 전통축제 마츠리의 이해와 사례

이 도서의 국립중앙도서관 출판예정도서목록(CIP)은 서지정보유통지원시스템 홈페이지(http://seoji.nl.go.kr)와 국가자료공동목록시스템(http://www.nl.go.kr/kolisnet)에서 이용하실 수 있습니다.
(CIP제어번호 : CIP2016012888)

일본 전통축제 마츠리의 이해와 사례

김희진 지음

한울
아카데미

차례

머리말

일본은 "마츠리祭り, 전통축제의 왕국"이라는 표현에 걸맞게 다양한 형태의 지역축제가 현대에 이르기까지 잘 보전되고 있다. 일본에는 지역별·계절별로 다양한 마츠리가 있는데, 이들 축제는 이미 사회 곳곳에서 문화적 가치와 탈일상적인 변화를 제공하는 새로운 수단으로서 자리 잡고 있다.

마츠리는 한마디로 한국의 전통문화축제에 해당하는 것으로 특정 지역에 산재되어 있는 전통적·역사적·문화적 소재를 바탕으로 계승되고 발전되어온 문화행사라 할 수 있다. 초기에는 조상과 신에게 바치는 의식이나 제례행사가 주가 되었지만, 점차 마을 사람들이 모여 자신들의 축일이나 경사스러운 일을 기념하는 행사로 발전하면서 지금은 하나의 축제로 자리 잡았다. 일본에는 전국에 약 700개가 넘는 큰 규모의 마츠리가 있다. 일본의 새해 첫날은 가까운 신사神社에 가서 한 해의 안전을 신에게 비는 '하쓰모데初詣'로부터 시작될 정도로 마츠리는 일본인의 일상생활 속에 만연해 있다.

사회 전반에 걸쳐 급속한 성장을 이룬 오늘날에도 일본 사람들은 마츠리를 잘 받아들여 전통과 현실을 적절히 조화시키고 늘 생활의 일부분으로 승화시키며 이러한 전통축제를 즐기고 있다. 일반적으로 마츠리는 신을 모시고 기리거나 한 해의 풍작과 풍어, 이웃이나 가족의 번영을 기원하는 제례의식과 풍습에서 유래되었는데, 일정한 시기에 신사나 절 또는 특정한 장소를 중심으로 모여서 전통적인 행사와 이벤트 프로그램을 행하고 있다.

일본 전통 종교인 신도神道나 불교 등 종교적 색채가 강한 경건한 분위기의 축제부터, 장엄하고 화려하며 역동감이 넘치는 축제에 이르기까지 일본 전국 각 지역에서는 사계절의 변화에 맞춰 다양한 축제가 열리고 있다. 또한 불꽃놀이나 민요, 전통춤, 신전 가마나 수레를 이용한 퍼레이드까지 마츠리는 일본 사람들의 생활 속에 깊숙이 스며들어 있다.

특히 마츠리에 다양한 소재로 등장하는 퍼레이드 콘테스트를 주목할 필요가 있다. 전통과는 차별화된 의상, 군무로 진행되는 전통 춤사위에 의한 퍼레이드부터 신전 가마, 수레, 기타 장식물 등이 각 축제별로 매우 다양하게 등장하며 이것이 경연 방식으로 진행되고 있어 관객들에게 많은 볼거리를 제공한다.

이러한 마츠리는 그 목적에 따라 세 가지 형태로 구분된다. 첫 번째는 지역을 대표하는 신사나 신성한 장소를 중심으로 전통문화나 의식을 보존하고 계승하려는 의도로 실시되는 '전통舊 마츠리'이고, 두 번째는 사회가 근대화하면서 도시화·대중화가 진행됨에 따라 과거의 전통과 문화를 강조한 축제에서 대중성과 오락성을 중시하며 새롭게 등장한 '현대新 마츠리'이다. 세 번째는 현대 마츠리의 형태에서 개방성과 소통을 강조하며 발전된 '도시형 마츠리'이다. 이것은 관객의 적극적이고 능동적인 참여를 유도하기 위해 좀 더 다양한 계층에게 개방되고, 만족을 극대화시키려는 새로운 형태의 마츠리 유형이라 할 수 있다.

이처럼 마츠리는 근대화가 진행되면서 지난날의 종교적인 행사에서 벗어나 시민이나 방문객들을 위해 연출되고 기획되는 축의적인 성격을 강하게 띠게 되었다. 오늘날 일본의 크고 작은 도시와 마을에서 개최되고 있는 마츠리 대부분은 주민의 자발적인 참여와 진행으로 이루어지고 있다.

일본의 전통문화축제인 마츠리는 가장 대표적인 것으로 '도쿄東京의 간다 마츠리神田祭', '오사카大阪의 텐진 마츠리天神際', '교토京都의 기온 마츠리祇園際' 등과 같은 '일본 3대 마츠리'와 '에도江戶 3대 마츠리'를 들 수 있는데, 이들은 모두 전통 마츠리로 구분되며 각 지역의 제례의식과 풍습에서 유래했다.

또한 '삿포로札幌의 눈축제'나 '센다이仙臺의 다나바타 마츠리七夕祭' 등은 과거의 전통 및 문화를 강조한 축제 형식에서 탈피해 오락성과 대중성을 중시하는 현대적인 형태의 마츠리, 즉 현대 마츠리의 형태로 새롭게 등장했다. 그 밖에 도시형 마츠리의 사례로는 '아사쿠사淺草 삼바축제Samba Carnival', '고엔지高円寺의 도쿠시마德島 아와오도리阿波踊り 축제', '하라주쿠原宿의 요사코이よさこい 축제'나 '홋카이도北海道의 소란ソーラン 축제', '신주쿠新宿의 에이사エイサー 축제' 등을 들 수 있다. 또 전통의 등롱灯籠이나 등을 소재로 등장시켜 대중화에 성공시킨 '아오모리青森의 네부타 마츠리ねぶた祭り'나 '아키타秋田의 간토 마츠리竿灯祭り' 등도 포함된다.

테마파크 또한 마츠리와 관련이 깊다. 민속이나 전통문화를 소재로 방문객에게 다양한 볼거리와 재미를 제공하는 민속촌이나 전통문화와 관련된 테마파크는 상시적으로 다양한 축제 프로그램을 기획하고 콘텐츠를 제작해 경쟁력을 강화하고 있다.

테마파크에는 여러 독창적인 형태가 존재하는데, 이를 주제별로 분류해 보면 다양한 형태로 나눌 수 있다. 이 중 민속촌과 같이 인간 사회의 민속이나 전통 건축물을 주제로 한 테마파크나 역사공원처럼 역사의 단면을 주제로 하는 파크는 방문객의 흥미를 유발하거나 집객력을 향상시키기 위해 주기적으로 이벤트나 축제 행사를 진행하고 있다. 예를 들어 역사나 민속적인 분위기를 느낄 수 있도록 다양한 구조물과 건축물을 그대로 재현하거나 전통적인 마상쇼나 무예, 전통극 등을 연출해 재미와 볼거리를 제공한다. 특히 과거의 의상과 복식, 춤사위를 바탕으로 퍼레이드를 실시하여 관객과 함께 호흡하는 축제 한마당을 연출하기도 한다. 먼저 민속촌·테마파크의 사례로는 전통과 문화를 그대로 재현한 '닛코 에도무라日光 江戸村'와 '노보리베쓰 다테지다이무라登別 伊達時代村'를, 또 역사공원의 사례로는 공익적인 가치와 오락성을 잘 조화시킨 '사가 현佐賀縣의 요시노가리 역사공원吉野ヶ里 歷史公園'을 소개한다.

한편, 이 책은 일본 지역축제의 근간을 이루고 있는 마츠리를 유형별로 소개하고, 이를 적극적으로 도입함으로써 한국에 맞는 새로운 축제의 개발에 도움을 얻는 것에 초점을 맞추었다. 기존의 축제 관련 책들은 대부분 서양의 이론과 사례를 소개하는 데 치우쳐 있어 한국의 실정과 문화에 적용하기에는 많은 문제점이 있었다. 하지만 일본은 같은 문화권의 국가로서 예전부터 많은 교류가 있었을 뿐만 아니라 문화적으로도 많은 유사성을 발견할 수 있기 때문에 벤치마킹하기에 유리한 점이 많다.

이와 같은 인식에서 출발한 이 책은 크게 3부로 구성되어 있다. 먼저 제1부 '마츠리와 축제의 이해'의 제1장 '일본 전통축제 마츠리의 이해'에서는 일본 마츠리의 특징 및 내역, 마츠리의 개념과 유래, 축제의 기능 및 가치를 중심으로, 주로 마츠리의 본질과 개념 등을 파악했다. 제2장 '마츠리와 축제 이벤트'에서는 축제를 크게 여러 형태로 구분하고 이를 다시 세분화해 마츠리 및 지역축제와 관련이 깊은 분류 방법을 구체적으로 설명하고 있다.

또한 제2부 '일본 마츠리의 사례 분석'에서는 크게 '전통문화를 소재로 한 사례'(제3장), '전통과 현대의 조화'(제4장), '현대 마츠리의 사례'(제5장), '도시형 마츠리: 개방성과 퓨전 문화를 소재로 한 사례'(제6장)로 구분해 이와 관련된 구체적인 마츠리의 사례를 소개하고 활용 가능성을 모색했다.

마지막으로 제3부 '마츠리와 테마공간의 연계와 사례'에서는 '마츠리와 전통 테마파크의 이해와 사례'(제7장)와 '마츠리와 복합 쇼핑 문화공간의 연계 효과 사례'(제8장)를 통해서 민속촌을 비롯한 역사공원 그리고 복합 문화공간 등과 마츠리와의 연계에 의한 시너지 효과를 조명했다.

끝으로 이 책이 이론적·실무적으로 모두 폭넓게 활용되어 축제, 이벤트 담당자와 대학 또는 연구단체에서 이벤트를 현장 실무와 학문적으로 활용하고자 하는 사람들에게 부족하나마 좋은 지침서 역할을 해주었으면 하는 바람이다. 그리고 이 책에서 제시한 내용 중 일부는 주관적인 관점에서의 접근이 있을 수 있었음을 인정하고 부족한 내용에 대해서는 차후에 시간을 두고 수정·보완할 생각이다.

이 책이 출간될 수 있도록 자료를 제공하고 많은 조언과 도움을 주신 모든 분들께 감사의 뜻을 전한다. 먼저 이 책의 출판에 참가해 함께 노력을 기울여준 김정명 선생님과 많은 자료를 제공해주신 정우람 님께 깊은 감사한다. 특히 한일 이벤트 마케팅의 발전에 기여하기 위해 열심히 연구·노력하고 있는 한국 이벤트 마케팅 협회Korea Event & Marketing Association: KEMA 회원 여러분, 그리고 이 책의 출판이 가능하도록 독려해주신 많은 분들에게도 고마움을 전한다.

2016년 5월

저자 김희진

제1부
마츠리와 축제의 이해

제1장

일본 전통축제 마츠리의 이해

1. 일본 마츠리의 특징과 내역

한국과는 다른, 일본 마츠리의 특징 중의 하나로 그 발자취와 역사가 매우 오래되었다는 점을 들 수 있다. 한국의 잘 알려진 유명 축제들은 대부분 지방자치제도가 실시된 1990년대 중반 이후를 기점으로 하고 있는 데 비해, 일본은 짧은 것도 수십 년, 오래된 것은 수백 년에 이르는 장구한 전통을 자랑한다. 그러나 최근 들어 정부의 문화 정책과 지역 활성화를 위한 여러 육성 제도에 힘입어 다양한 형태의 마츠리가 등장하고 있다. 최근 지역 전통축제인 마츠리가 급성장하게 된 배경에는 다음과 같은 요인을 들 수 있다.

첫째, 인적·문화적 교류와 정보의 교환이 증가하면서 도시와 지역 간의 물리적 거리가 단축되어 세계화의 움직임이 가속화되었고, 새로운 비즈니스의 거점이자 문화예술의 발신지로서 지역사회의 위치가 급부상했다. 둘째, 산업과 사회구조의 변화를 들 수 있다. 현대사회의 특징은 경제·사회의 소프트화·성숙화·다양화·정보화·세계화·지방 분산화 등으로 설명할 수 있는데 이러한 변화에 따라 과거의 중앙 집중형 사회가 지역 분권화 사회로 변모했다. 셋째, 사회구조의 변화와 함께 나타나는 인간의 정신적 변화를 들 수 있다. 다시 말해, 포스트모더니즘으로 대변되는 탈근대주의脫近代主義 정신은 물질 중시 사회에서 정신·문화적 산물을 중시하는 사회로의 회귀를 주장하고 있다.

각 지역의 전통문화에서는 현대 물질문명과 다른 과거의 향수를 찾아볼 수 있기 때문에 포스트 모더니즘적 관심이 고조되고 있다. 전원주택, 황토방, 무공해식품 등 환경을 중시하고 전통적인 것을 동경하는 풍조나 지역 특산품 박람회, 지방 물산전, 지방 공예전 등은 이러한 조류와 관련이 있다. 전통적인 지역문화에 대한 관심이 마츠리에 대한 관심으로 연결되고 있다. 사회가 발전할수록 전통과 지역 정서의 가치는 커지기 마련이다.[1]

일본은 전통적인 민속축제인 '마츠리祭'에서 다양한 형태의 관광·축제 이벤트가 시작되었다. 경제가 발전하면서 지역마다 시민회관 같은 문화시설이 정비되었고 역을 중심으로 상권을 발전시키기 위한 지역단체가 결성되었으며, 이는 관광·축제 이벤트가 본격화되는 원동력이 되었다.

거품경제가 정점에 달한 1989년에는 일본 정부의 지방자치 100주년 기념사업으로 대규모 지역 활성화 지원 정책이 시행되면서 전국적으로 수많은 지역 이벤트가 개최되었다. 이후 1990년대에 거품경제가 붕괴되고 이벤트의 개최 빈도가 감소하는 추세 속에서도 관광·축제 이벤트는 지역 상권 활성화와 지역의 전통축제를 토대로 이벤트 산업에서 중요한 비중을 차지하게 되었다.[2]

---

1 宣伝会議 編,『新時代のイベント戦略』(宣伝会議, 1989), pp.104~108.

한편, 일본의 마츠리는 매년 정해진 시기에 사람들이 신사에 모여서 신을 받들어 모시는 의식과 행사를 한다. 이러한 마츠리는 각 지역의 신앙이나 풍습에 따라 다양한 특색을 찾아볼 수 있으며 일본의 문화와 역사를 느낄 수 있다. 지역의 신사에 모셔진 신을 '우지가미氏神'라 하고 그 지역 사람들은 자신들을 '우지코氏子'라고 하며 신사를 중심으로 지역주민들의 친밀도를 높이고 있다.

일본에서는 일 년 내내 마츠리가 개최되지만 주로 7월과 8월에 집중된다. 하지만 각 지역별로 서로 다른 모습과 형태를 보이기 때문에 축제를 통해 지방마다의 특색 있는 전통과 풍습을 발견할 수 있다.

봄에는 봄철에 작물이 순조롭게 자라기를 기원하고 태풍 같은 풍수해나 병충해로부터 보호해줄 것을 신에게 기원하는 하루 마츠리春祭り, 가을에는 풍작을 기뻐하고 신에게 감사하는 의례를 올리는 아키 마츠리秋祭り가 개최된다. 여름에 개최되는 마츠리는 주로 힘이 강한 신들의 힘으로 도시에 거주하는 사람들이 무서워하는 질병을 막아내기를 기원하거나, 태풍이나 홍수와 같은 천재지변을 피하도록 기원하는 데서 유래된 것이 많다. 교토京都의 기온 마츠리祇園際, 오사카大阪의 덴진 마츠리天神際 등이 이에 해당된다.

마츠리는 그 목적에 따라 두 가지 형태로 구분된다. 하나는 지역을 대표하는 신사나 신성한 장소를 중심으로 전통문화나 의식을 보존하고 계승하려는 의도로 실시되는 '전통 마츠리'이다. 또 다른 하나는 근대화 사회로 전환하면서 도시화·대중화가 진행됨에 따라 과거의 전통, 문화성을 강조한 축제에서 대중성·오락성을 중시하며 새롭게 등장한 '현대 마츠리'이다.

이와 같이 마츠리는 근대화와 더불어 지난날의 종교적인 행사에서 벗어

---

2 김희진·안태기, 『문화예술축제론』(한울, 2010), 62~74쪽.

나 시민이나 방문객들을 위해 연출·기획된 축의적인 성격을 강하게 내포하고 있고, 오늘날 크고 작은 도시와 마을에서 개최되고 있는 마츠리의 대부분은 주민의 자발적인 참여와 진행으로 이루어지고 있다.

현대적인 개념의 마츠리는 지역경제나 산업을 부흥하거나 활성화시킬 목적으로 개최되기 때문에, 지역의 이미지를 개선하려는 홍보의 일환으로 실시되거나 상업적인 성격이 강한 성향을 보이고 있다. 예를 들어 '삿포로札幌 눈축제'나 '요사코이よさこい 소란ソーラン 축제' 등이 여기에 속하며 전통적인 마츠리에 비해서 일반적으로 연륜이 짧고 대부분 1950년대 이후에 시작되었다.

'일본의 3대 마츠리'는 신사를 중심으로 한 전통적인 마츠리인 오사카의 텐진 마츠리, 교토의 기온 마츠리, 도쿄의 간다 마츠리神田祭이다. 또한 '에도 3대 마츠리'는 간다묘진神田明神의 간다 마츠리, 아사쿠사浅草의 산자 마츠리三社祭, 히에신사日枝神社의 산노 마츠리山王祭이다. 이 마츠리들은 대부분 1000년 이상의 전통을 가지고 있으며 현재도 대규모로 개최되고 있다.

2. 마츠리의 개념과 유래

일본 전통축제를 가리키는 '마츠리祭り'는 '기리다, 모시다'를 의미하는 일본어 동사 '마츠루祭る'에서 파생된 용어로, '신을 모시고 봉헌한다'는 의미에서 유래되었다. 본래 마츠루가 '(신에게 봉헌하는) 종교적 행위를 하다'라는 뜻에서 파생한 것도 이를 뒷받침하고 있다. 즉 마츠리는 신사에서 종교적인 목적으로 치르던 행사의 일부로서 신을 모시고 그 신을 기쁘게 하는 고대의 제의祭儀에서 유래한다. 그러나 각 지역의 전통, 역사, 문화의식, 종

교적인 특징에 따라 마츠리의 표기 방법은 달라지며 표기에 따라 바로 그 의식이나 행사의 목적, 의도를 추측할 수 있다.

이와 같이 마츠리와 관련되어 사용되는 용어는 종교적인 색채나 제례의식의 성격이 강한 제례祭禮, 제사祭祀, 제식祭式, 제의祭儀, 제전祭典과 의전적인 행사나 의례, 의식의 뜻을 나타내는 의례儀禮, 의식儀式, 식전式典, 그리고 이벤트적인 의미를 내포하고 있는 축제祝祭, 축전祝典, 향연饗宴 등으로 다양하게 분류되고 있다.

이렇듯 마츠리는 제례의식이나 종교행사와 연관되어 시작되었지만 시간이 지나며 대중적 참여를 위한 프로그램에 다양한 연출기법과 기획력이 동원되면서 오늘날의 지역 이벤트로 자리매김했다. 이는 지역의 전통과 문화, 역사, 민속적인 주제나 자원 등을 소재로, 지역의 이미지 제고와 경제를 활성화시킬 목적으로 개최되는 지역축제와도 관계가 매우 깊다.

본래 축제는 역사적 전통의식의 하나인 제례행사祭, 제에서 출발해 많은 사람들이 행사에 참가하게 되면서 자연 발생적으로 오락적 요소祝, 축가 가미되어 축제祝祭라는 용어로 정착되었다. 이것은 다시 각 지역의 문화와 정서에 의해 토착 축제로 계승되고 발전해 지역축제로 자리 잡게 되었다. 축제는 다시 여러 유사 용어로 파생되어 지역축제, 지역 이벤트, 관광 이벤트, 문화축제, 향토문화축제, 문화 이벤트 등으로 다양하게 표현되고 있다.

일본의 전통 지역축제 마츠리는 한국과 비교했을 때 아직도 종교적인 색채, 제례의식이 여러 곳에서 뿌리 깊게 남아 있음을 알 수 있는데 이것은 일본인의 세습성이 강한 지역정서와 마츠리가 종교적·문화적으로 오랜 세월 서로 영향을 주고받으면서 각 지역에 깊숙이 스며들며 토착화되고 고정화된 것에서 그 원인을 찾을 수 있다.

오늘날 마츠리는 종교행사의 의미보다는 함께 참여해 참가자 모두가 어

우러져 즐기는 이벤트적인 성격이 더 강하다. "왓쇼이, 왓쇼이ワッショイ, ワッショイ(우리말로 "영차, 영차")" 하며 크게 외치는 함성과 가마꾼, 관객이 함께 어울리는 마츠리의 세계에서 일본인의 마음속 깊이 존재하고 있는 놀이 문화에 내재하고 있는 유희의 세계를 발견할 수 있다.

한편, 사람이 축제나 제례의식에 등장하거나 신과의 접촉이나 만남을 위해 행하는 의식에는 다양한 상징물과 표상이 필요하다. 특히 일본의 마츠리에 이용되는 상징물들은 본래 자연물에서 출발했지만 사람들의 손에 의해 가공되면서 세련된 형태를 취하게 된 것도 있다.

이러한 상징물들 중에서 가장 기본적인 것은 '물'이다. 성스러운 곳이나 신성하게 여기는 곳에 들어가기 전에 물로 부정不浄을 씻어 세속에서의 몸과 마음을 정화한다는 의미를 지니고 있다.

물 못지않게 마츠리에서 반드시 등장하는 상징물이 바로 '불'이다. 마츠리에서 볼 수 있는 여러 종류의 불들은 성화聖火나 횃불, 그 밖의 조명 형태로 표현되어 의미를 부여하고 있다.

또한 마츠리에서 신의 존재와 관련된 상징물로 '나무'를 빼놓을 수 없다. 전통축제나 여러 의례에서 이용되는 상징물 중에서 쉽게 볼 수 있는 것이 나무인데, 다마구시玉串가 그 대표적인 예이다. 흔히 의례를 집행하는 신관들이 손에 들고 있는 것 중 하나가 바로 다마구시이다.

마지막으로 나무와 함께 마츠리의 상징물로 자주 등장하는 것이 '종이'이다. 신령이 사람에게 빙의하는 것을 '요리마시ヨリマシ'라고 하는데 빙의하는 것이 물체인 경우는 요리시로依代라고 한다. 고헤이御幣는 바로 이 요리시로의 일종으로 종류가 매우 다양하다. 커다란 대나무에 홍백색이나 황청색 등 극채색의 종이를 수없이 늘어뜨린 대형 고헤이를 마츠리에서 흔하게 볼 수 있다.[3]

축제와 이벤트의 개념적 차이에 따라 인식도 다양하게 나타나지만, 축제의 분류 방법에 따라서도 서로 다른 견해가 존재한다. 축제는 일반적으로 개최 목적과 행사 내용, 주제, 지향성, 분류 시점에 따라 구분할 수 있다. 특히 분류 시점에 의한 구분 방식은 특정 축제의 주제가 시대적 관점에서 전통적인지 현대적인지를 분류하는 방법으로서, 축제의 시대성을 구분할 때 일정한 기준을 제시하고 있다.

먼저 전통적 축제는 지역마다 가지고 있는 민속, 역사, 공예, 인물 등의 소재에 근거하는 전통 지향적 성격을 지닌다. 오랜 전통과 역사적인 소재를 바탕으로 계승·전래된 지역의 향토축제가 대부분 여기에 해당되며, 지역주민의 일상적인 생활 문화를 기반으로 차별화된 제의적·종교적인 행사나 놀이마당의 성격이 강하다.

현대적 축제는 지역적인 주제나 상호 관련성보다는 영화나 연극, 음악회 등 현대적 감각의 예술, 문화를 소재로 하는 것을 가리킨다는 견해도 있지만, 전통적 축제를 시대의 변화에 맞춰 다양성과 개방성을 수용하고, 폭넓은 계층이 참여할 수 있도록 대중성을 가미한 축제를 말하는 경우가 많다.

3. 축제의 기능 및 가치

최근 한국에서 축제가 지역 홍보와 주민의 단합, 지역발전의 견인차 역

---

3 김양주, 『신도(神道) 신사(神社) 마츠리(祭り): 인류학적 관점에서 본 일본 종교문화의 한 양상』(창, 1993), 389~420쪽; 大島曉雄 他, 『民俗探訪事典』(山川出版社, 1983); 김양주, 「일본의 '마츠리'와 상징체계」, ≪사회과학연구≫, 제18집(배재대학교, 1998).

할을 하면서 축제에 대한 관심이 증가하고 있다. 축제를 개최해서 얻게 되는 이익이나 가치는 무엇인지 또는 축제가 대내외적으로 어떤 역할을 수행하는지에 대해 정리하고 고민할 필요가 있다.

문화관광부는 전통사회의 축제가 종교적·사회적·예술적·오락적·생산적인 기능을 수행하기 위해 발전된 것으로 정의하고 있으며, 산업사회의 축제는 지역사회의 소통적 기능, 자긍심 및 정체성 확립의 기능, 전통문화 보존 기능, 경제성 및 이미지의 창출 기능 등을 위해 존립하고 있다고 보고 있다. 또한 최근에는 기존의 문화적인 기능 외에도 지역발전과 연계되어 상업적인 측면이 더욱 강조되고 있다.

결론적으로 축제의 보편적인 기능에는 일반적인 축제의 특징인 '제의성', '문화예술성', '사회성(지역성)'을 바탕으로 '일탈성', '유희성(오락성)'이 추가되고 현대사회의 축제가 지향하는 '상업성(경제성)'이 포함되어 그 가치가 확산되고 있음을 알 수 있다. 축제가 구현하고자 하는 여러 기능과 가치를 정리하면 다음과 같다.

첫 번째, '축祝'과 '제祭'의 기능이다. 축제의 진화된 개념인 이벤트가 축의적·호의적인 의미에서 시작했다는 것을 생각해보면, 기본적으로 '축'과의 관련성이 매우 깊다고 할 수 있다. 또한 본래의 축제는 현재의 축의적인 의미나 대중적이고 오락적인 요소(축)보다는 역사적 전통의식의 하나인 제의나 제례행사(제)에서 출발했지만, 시대의 변화에 따라 각 지역의 특성과 문화, 전통을 소재로 하는 지역축제로 발전하면서 현대적 의미의 축제로 자리 잡게 되었다.

두 번째, 비일상성, 즉 탈脫의 기능이다. 이것은 우리가 축제를 찾게 되는 중요한 동기이자 축제의 가장 본질적인 기능이기도 하다. 만약 축제가 일상적이거나 평소에 생활 주변에서 쉽게 접할 수 있는 활동이라면, 많은 사람이 축제에 참여하지 않을 것이며 만족도도 감소할 수밖에 없다. 따라서 축제는 현실의 일상생활과 구별되어 빈번히 발생하지 않는 일이나 행사라고 할 수 있으며 매일 부딪히게 되는 일상적인 활동은 축제의 범주에서 제외된다.

세 번째, 오락성, 즉 락樂의 기능이다. 축제가 지닌 오락적인 요소와 기능은 방문객이나 관객에게 참여의 즐거움을 제공할 뿐만 아니라, 다양한 유희적 가치를 만들어내 관객의 만족을 극대화할 수 있다. 오늘날 우수 축제로 평가받고 있는 사례를 살펴보면 프로그램 내에 다양한 엔터테인먼트 요소를 추가해 축제 참가자들에게 많은 즐거움을 주고 있다.

네 번째, 협協의 기능이다. 축제는 지역공동체의 협동과 단결력을 고취시키고 지역민들에게 지역에 대한 귀속감과 정체성을 갖게 함으로써 친선과 화합을 도모한다. 지역주민이나 구성원들의 자긍심을 향상시켜 공동체 발전에 기여하는 사회적 가치를 지닌다.

다섯 번째, 경제성, 즉 재財의 기능이다. 축제는 각 지역의 훌륭한 문화자산이며, 이를 잘 활용하면 지역경제에 긍정적 영향을 미치는 재화가 된다. 오늘날 축제가 지닌 경제 효과 때문에 지역자치단체들은 지역 특성에 맞는 축제를 적극적으로 개발해 상업성을 극대화하고 있다. 예를 들어 지역 내의 내수 유발 효과를 비롯한 소득·고용 창출 및 세입 증대 효과, 지역 산업 진흥, 지역 기본 설비 정비 등의 여러 경제 파급효과가 기대되어 차별화된 내용의 축제가 등장하고 있으며, 또 지역경제를 활성화시키는 중요한 수단으로 이용되고 있다. 이와 같이 축제의 경제적 편익을 강조하는 산업형 축제는 더욱 확산되고 있는 추세이다.

여섯 번째, 선宣과 고告의 기능이다. 우리가 축제나 문화 이벤트를 개최하는 목적은 가능한 널리 홍보해서 지역의 이미지를 향상시키고 외부 방문객을 많이 참가시켜 경제적인 파급효과를 극대화하려는 데 있다. 내실 있는 이벤트가 되려면 외부지역에 잘 홍보하고 많은 사람을 불러 모을 수 있도록 지역의 한계를 벗어날 수 있는 역량을 강화해야 한다. 최근 축제 기획에서 중시되는 것이 홍보이다. 관광학의 관점에서 축제가 관광자원이라면, 마케팅 커뮤니케이션 입장에서 축제는 홍보자원이 될 수 있다. 이는 홍보의 중요성을 강조하는 말로 자기 고장의 축제를 잘 개발해 홍보에 힘쓰면 지역 이미지가 대외적으로 향상되어 수많은 방문객들이 자발적으로 찾게 되는 계기가 된다는 의미이다. 축제를 효과적으로 홍보하게 되면 집객력의 원동력이 될 수 있는 것이다.

일곱 번째, 교敎와 소통疏通의 기능이다. 축제에 참가함으로써 얻게 되는 체험과 경험을 통해 참가자들은 지식수준이 증가하게 되고, 견문과 이해의 폭을 넓힐 수 있다. 또 축제를 통해 여가 활동을 잘 활용하게 되고, 적극적인 참여를 통해 배우며, 다양한 교육적 가치를 창출할 수 있다. 그뿐만 아니라 축제의 주최 측과 관객, 방문객의 커뮤니케이션이 원활하게 추진되고 여러 분야의 사람과의 교류를 통해서 친선을 도모할 수 있다. 최근에는 주로 문화 예술에 대한 접촉 기회를 증가시키고 이에 대한 이해의 폭을 넓히기 위해 소규모의 지역 단위로 축제가 개최되는 사례가 많다.[4]

4. 축제와 이벤트의 의미적인 관계

최근에 이벤트가 사회 각 분야의 관심을 끌게 되면서 이벤트라는 용어가

4 김영순 외, 『축제와 문화콘텐츠』(다할미디어, 2006), 56~60쪽.

새롭게 등장했다. 그러나 여기에 다양한 해석과 함께 각기 다른 영역에서 나름대로의 의미가 첨가되면서 '이벤트' 본래의 의미와는 관계없이 혼용되기 시작해 오류가 발생하게 되었다.

축제의 의미와 개념을 정확히 이해하기 위해서는 먼저 축제에서 발전된 이벤트와의 의미적 관련성을 살펴볼 필요가 있다. 이벤트의 기원이라 할 수 있는 축제와 여기서 파생된 지역축제, 지역 이벤트, 관광 이벤트, 축제 이벤트, 문화축제, 향토문화축제, 공연예술축제, 문화 이벤트 등과의 관련성은 물론 이와 유사한 서양의 어원과의 비교를 통해 차별적 특성에 관한 설명이 필요하다.

여러 견해가 있지만 이벤트의 전신인 축제는 한마디로 오랜 발전 과정을 거치면서 다양한 분야에서의 요구를 충족시키기 위해 사용되기 시작한 현대적인 표현이다. 이벤트라는 용어가 일상화되기 훨씬 이전부터 역사적 또는 자연 발생적으로 '축제'가 문헌상에 등장하다가 산업화에 따라 무대연출 및 공연 기획력이 강화되고 상업화·대중화가 진행되면서 축제를 대신하는 표현으로 이벤트라는 용어가 정착된 것이다.

본래 축제는 역사적 전통의식의 하나인 제례행사로 출발해 많은 사람이 행사에 참가하면서 자연스럽게 오락적 요소가 더해져 오늘날의 축제라는 용어로 정착했다. 이것은 다시 각 지역의 문화와 정서가 가미되면서 토착적 축제로 계승·발전되어 각 지역의 특성과 정체성을 소재로 한 지역축제로 자리 잡게 되었다.

한편 시대의 발전이 거듭되면서 근대화·현대화 과정에서 좀 더 짜임새가 돋보이는 행사의 필요성이 생겨났다. 또한 많은 사람들을 의도적으로 참여시키기 위해서 대중성(무대화와 공연화), 상품성(마케팅)의 중요성이 커지게 되면서, 비로소 현재 사용하는 이벤트의 의미로 변화하게 되었다.

시대의 변화와 함께 축제가 지역적 테마를 넘어 사람과 사회의 다양화된 욕구를 반영시키면서 이벤트라는 용어를 사용하게 되었다. 현대에 이르러 새롭게 등장하거나 주목을 끌게 된 스포츠 이벤트나 전시 이벤트, 기업·판촉 이벤트 등과 같이 이벤트라는 용어는 축제를 대신해 자주 사용되었으나 유독 지자체나 공공단체가 주체가 되는 지역축제나 문화축제 등에서는 해당 지역의 역사적·민속적·문화적인 전통을 소재로 하기 때문에 현대적인 뉘앙스의 이벤트보다는 축제라는 용어를 쓰는 경향이 있다.

이벤트는 각 분야의 필요에 따라 다양한 형태로 등장하게 되었다. 먼저 지역 활성화와 지역에 산재되어 있는 관광자원 개발 등의 이유로 지역 이벤트, 관광 이벤트, 축제 이벤트로 발전되었는가 하면 여가 시간 확대 및 소득 증대와 함께 사람들의 레저, 스포츠에 대한 관심이 증가하면서 레크리에이션 이벤트, 스포츠 이벤트가 등장하게 되었다.

또한 지방자치제의 도입에 따른 지역주민의 참여와 지역개발, 지역 이미지 향상을 목적으로 하는 지역 이벤트와 박람회, 견본시 등과 같이 상품이나 문화, 자연, 산업적 소재를 흥미롭게 전시하고 정보를 전달하려는 전시 이벤트를 비롯해 부가가치가 높은 국제회의나 세미나를 결합시킨 컨벤션 이벤트도 최근 들어 많은 관심을 끌고 있다.

또한 문화에 대한 사람들의 호감이 높아지고 시선이 집중되면서 생활의 질을 향상시키기 위한 영화제, 음악제, 연극제 등 문화 이벤트의 등장은 국제적인 교류 및 개최지의 이미지를 개선하는 데 공헌했다. 그리고 기업을 중심으로 이벤트의 효율성, 개최에 따른 수익성을 극대화하기 위한 기업, 판촉 이벤트(프로모션 이벤트) 등 다양한 종류의 이벤트 형태로 발전하게 되었다.

제2장

마츠리와 축제 이벤트

1. 마츠리와 축제 이벤트의 정의

마츠리는 일본의 전통축제를 통상적으로 표현하는 용어이다. 전통축제는 이벤트의 가장 고전적이며 보편적인 형태로서 지역 이벤트 중 하나이다. 이것은 관광 이벤트 또는 지역문화 축제, 문화관광 축제, 문화예술 축제 등과 같이 여러 가지 형태로 존재하지만 이에 대한 정확한 구분은 쉽지 않다.

이벤트는 그 사용 목적이나 보는 사람의 시각에 따라 다양한 형태로 나타난다. 일본의 마츠리는 전통적이고 문화적인 지역, 인물, 산업 등의 소재를 바탕으로 발전되어온 지역축제 중 하나이다. 크게는 비영리성을 목적으로 하는 지자체나 공공단체가 주체하는 공공 이벤트이다. 형태적으로 구분하면 지역의 정서나 문화를 반영시킨 지역 이벤트이거나 각 지역의 독특한 문화성을 나타내는 문화 이벤트에 속한다. 또한 관광산업을 육성시키기 위한 목적으로 그 지역의 축제를 관광자원화해 발전시킨 관광 이벤트, 축제

이벤트의 하나이기도 하다.

2. 마츠리와 축제 이벤트의 분류

이벤트의 종류는 분류 방법에 따라 다양하게 나눌 수 있다. 경제적·물리적·사회적 파급효과를 광범위하게 발휘할 수 있는 올림픽, 박람회, 전시회, 컨벤션 등의 대형 이벤트Mega-event에서부터 콘서트, 회사 창립 기념 체육대회 같은 중형 이벤트, 그리고 점포 오픈 이벤트 같은 소규모 이벤트에 이르기까지 그 내용, 목적, 규모 등에 따라 다양하게 분류된다.

먼저 이벤트 주최 측에 따라 분류해보면 크게 세 가지로 나눌 수 있다. 첫 번째는 정부 및 지역의 공공기관과 같은 비영리조직이 실시하는 공적 이벤트Public Event, 두 번째는 영리기업이 주최하는 기업 이벤트Corporate Event, 세 번째는 개인이나 소규모 단체가 주관하는 사적 이벤트Private Event 이다.

주최자의 성격에 따라 이벤트 실시 목적의 큰 차이를 발견할 수 있다. 예를 들어 정부기관, 지자체와 같은 공적 기관이 주최하는 이벤트에는 비영리성이나 공공성이 강하게 나타나며 기업이 주최하는 이벤트는 영리성과 이윤 추구를 위한 행사가 주를 이루고 있다.

정부 및 공공기관이 중심이 되어 개최하는 공적 이벤트는 공공의 목적을 수행하거나 지원하기 위해 계획된다. 즉 지역 발전과 활성화, 지역의 이미지 향상, 지역 홍보, 지역주민의 공동체 의식 조성, 산업 기술의 진흥과 교육, 문화, 국제 교류의 조성 등을 주요 목적으로 하고 있다.

공적 이벤트는 다시 두 가지 형태로 구분될 수 있다. 첫 번째는 정부나 공공단체가 주관해 예산을 편성하고 세금이나 각종 후원, 기부금으로 이벤트를 실행하는 무료 행정형 이벤트, 두 번째는 공공단체의 부담을 준비금으로 한정시키고 이벤트 개최 후에 발생하는 각종 수입과 이익금으로 이벤트를 운영해나가는 유료 경영형 이벤트이다. 지금까지는 전자인 무료 행정형 이벤트가 많았으나 최근 들어 정부의 지원금과 후원금이 줄어들고 지방재정은 지방자치단체에서 조달해야 하는 추세로 전환되자 시티 마케팅에 대한 관심이 고조되면서 유료 경영형 이벤트가 점점 증가하고 있다.

한편, 기업이 주최하는 기업 이벤트는 기업에 의해 계획·시행되며 호감도 형성과 이미지 향상을 위한 커뮤니케이션 전략으로 전개되는 이벤트와 판매 촉진 전략 또는 통합 마케팅 전략의 일환으로 전개되는 이벤트로 구분된다. 전자는 기업의 직접적인 이윤 추구보다는 특정 대상이나 고객과의 관계 개선을 꾀하거나 문화적 또는 사회적 공헌·참여 활동과 관계가 깊으며 보통 PR형, 퍼블리시티publicity형 이벤트로 명명된다. 후자는 제품이나 서비스를 직접 판매할 목적이거나 강력한 영향을 주기 위해 진행되며 세일즈 프로모션Sales Promotion: SP형, 또는 프로모션Promotion형, 세일즈Sales형, 판매 촉진 이벤트라고 불리며, '판매 촉진'을 줄여서 판촉 이벤트라고도 한다.

다음으로 관광학적 관점에서의 이벤트 목적에 따른 유형 분류는 각 항목별로 세분화되어 다양한 종류나 유형의 이벤트를 일목요연하게 정리하고 있는 것이 특징이다.

특히 이 분류 방법의 특징은 다른 방식과 비교했을 때 표현하고 있는 용어상의 차이가 있기는 하지만, 관광산업과의 관련성이 높은 이벤트를 중심으로 실제 이벤트의 기획과 개최에 따른 접근과 이벤트에 대한 이해와 관리를 위해 다양한 분류를 시도하고 있다는 점이다.

일반적인 이벤트 마케팅적 관점에 의하면 축제 이벤트라는 용어보다는 지역 이벤트·지역축제라는 표현을 주로 사용하고, 전시·박람회 이벤트는 전시형 이벤트나 전시 이벤트로 표현하는데, 여기에 몇 가지 기준을 정해 박람회, 전시회, 견본시로 구분한다. 또한 회의 이벤트는 컨벤션이라는 용어를 사용하는데, 이는 전시회에 부가가치가 높은 국제회의나 세미나가 결합한 형태이다.

또한 기업 이벤트는 오랜 기간에 걸쳐 효과를 기대하는가, 아니면 시행 후 즉시적인 기대효과를 목표로 하는가에 따라, 또는 기업이미지 향상을 목적으로 하는가, 아니면 이윤을 증가시키려 하는가에 따라 기업 이벤트, 판촉 이벤트로 구분한다.

마지막으로 정치적인 대회나 행사, 그리고 개인적인 친선, 친목을 위한 모임은 이벤트의 영역에 포함하지 않으므로 정치 이벤트나 개인 이벤트라는 용어는 알맞은 표현이 아니며 별도의 영역으로 분류하지 않는다.

관광·축제 이벤트는 일반적으로 '지역 이벤트'라는 용어로 자주 사용된다. 지역 이벤트는 '지방자치단체가 주도하는 이벤트로, 일정 지역의 주민을 대상으로 지역 활성화와 지역 산업의 진흥, 지역문화의 육성 등의 목적을 실현하기 위해 개최되는 이벤트'라고 정의할 수 있다.

이러한 관광·축제 이벤트는 지역 활성화를 위해 출발했기 때문에 역사적 맥락에서 보면 축제와 전통 의식 행사, 서양의 페스티벌이나 카니발과 비슷한 점이 있고, 관광자원의 개발·활성화를 목적으로 하는 관광 이벤트 그리고 지역 전통의 공연, 예술제 등과도 유사한 개념으로 사용되고 있다.

관광·축제 이벤트의 의미와 개념을 정확히 이해하려면 이벤트의 기원인 축제와 여기서 파생된 지역축제, 지역 이벤트, 관광 이벤트, 축제 이벤트, 문화 축제, 향토 문화 축제, 공연 예술 축제, 문화 이벤트 등과 관련성을 파악해야 함은 물론, 어원의 고찰을 통해 차별적 특성을 파악해야 한다.

여러 견해가 있겠지만, 이벤트는 그 전신인 축제가 오랜 발전 과정을 거치면서 다양한 속성을 띠게 되자 이를 모두 아우르기 위해 사용하기 시작한 현대적인 표현이다. 산업화에 따라 무대연출이나 공연 기획력이 강화되고 상업화·대중화가 진행되는 과정에서 축제를 대신하는 표현으로 이벤트라는 용어가 정착된 것이다.

이벤트는 각 분야의 필요에 따라 다양한 형태로 등장했다. 먼저 지역 활성화와 지역에 산재된 관광자원 개발 등을 목적으로 지역 이벤트, 관광 이벤트, 축제 이벤트가 발전했다. 또한 지방자치제가 도입되면서 지역주민의 참여와 지역 개발, 지역 이미지 향상을 목적으로 하는 지역 이벤트를 비롯해 박람회, 견본시 등 상품이나 문화, 자연, 산업적 소재를 흥미롭게 전시하고 정보를 전달할 수 있는 부가가치가 높은 이벤트 형태도 최근 들어 많은 관심을 끌고 있다.

한편, 축제 이벤트는 지역 이벤트나 지역축제라는 표현이 더 친숙하고 일반적이지만 문화예술축제의 분류와 접목이 되는 부분이 있기 때문에 이를 활용해보기로 한다.

오늘날 지역축제는 점차 다양화·복합화·대형화하는 경향을 보이고 있

〈표 2-1〉 축제의 분류

대분류	소분류	세분류
축제 이벤트	개최 주최별	공공기관/지역자치단체 주최 축제, 민간단체 주최 축제
	프로그램별	전통문화축제, 문화예술축제, 종합(융합)축제
	개최 목적별	주민화합 축제, 문화관광 축제, 산업축제, 특수 목적 축제
	실시 형태별	축제, 지역축제, 카니발, 퍼레이드, 가장행렬

자료: 이경모, 『이벤트학원론』, 348~353쪽 수정해 저자 작성.

다. 전통적 소재를 중심으로 하는 축제 형식에서 지역 활성화, 이미지 향상, 주민 참여와 자긍심 함양, 문화 교류에 이르기까지 목적과 개최 주체에 따라 광범위하게 구분된다.

이 분류 방법에 의하면 축제는 크게 개최 주체별, 프로그램별, 개최 목적별, 실시 형태별로 구분되며 이것은 다시 세분화된다. 전통축제나 지역축제와 관련이 깊은 분류 방법을 정리한 것이 〈표 2-1〉이다.

1) 개최 주최별 분류

축제 이벤트를 개최하는 주최기관에 따른 분류로서 지역자치단체에서 주최하는 지역자치단체 주최 축제와 일반 민간단체에서 주최하는 민간단체 주최 축제로 구분할 수 있다. 최근에는 지역자치단체가 주관하는 축제보다 민간단체가 주최하는 축제가 증가하고 있는 추세이다. 넓은 의미에서 보면 지방자치단체의 행정적인 협력이나 예산 지원 등에 행정기관이 대부분 관여하고 있지만 형식적이나마 각 지역의 자생적인 민간단체가 지역의 축제를 주관하고 있다고 볼 수 있다.

그러나 일본 대부분의 사례에서 알 수 있듯이, 축제의 진정한 발전을 위해서는 지역주민에 의해 자발적으로 결성된 민간단체가 축제를 주최해 자율적으로 진행하는 것이 바람직하다고 할 수 있다.

2) 프로그램별 분류

프로그램별 분류는 축제 프로그램의 내용에 따른 분류로서 전통문화축제와 문화예술축제, 종합(융합)축제로 구분할 수 있다.

〈표 2-2〉 프로그램별 분류

대분류	세분류	사례
프로그램별 분류	전통문화축제	교토 기온 마츠리, 오사카 덴진 마츠리, 간다 마츠리, 니가타 마츠리
	문화예술축제	도쿄 국제영화제, 유바리 국제 판타스틱영화제, 유후인 문화예술제, 구사쓰 마치 국제음악제
	종합(융합)축제	센다이 다나바타 마츠리, 삿포로 소란 축제

자료: 이경모, 『이벤트학원론』, 349쪽 수정해 저자 작성.

첫째, 전통문화축제는 지역의 설화나 풍습, 민속에 근거를 두고 개최되는 축제로, 주요 프로그램의 구성 형식이 전통문화적인 요소를 강하게 내포한다. 둘째, 문화예술축제는 현대적인 전시예술 및 공연예술 위주로 구성되어 예술적인 소재와 문화적인 요소를 활용한 축제를 의미한다. 셋째, 종합축제는 전통문화축제, 예술축제, 체육행사 및 오락프로그램이 혼재되어 나타나는 축제를 가리킨다.

대부분의 일본 마츠리는 각 지역마다 계승되어온 풍습, 문화적인 소재나 요소가 많이 내재되어 있기 때문에 전통문화축제의 영역에 포함되어 있으며, 현대 마츠리의 경우는 대중화와 개방화 과정에서 여러 문화와 환경적인 요인이 결합되면서 자리 잡았기 때문에 종합축제의 범주에 속한다.

3) 개최 목적별 분류

축제를 개최 목적에 따른 분류하면 주민화합 축제, 문화관광 축제, 지역산업축제, 특수 목적 축제로 구분할 수 있다.

첫째, 주민화합 축제는 주로 해당 지역에서 전통적으로 개최되어온 전통

〈표 2-3〉 개최 목적별 분류

대분류	세분류	사례
개최 목적별 분류	주민화합 축제	오키나와 에이사 축제
	문화관광 축제	아사쿠사 삼바축제, 신주쿠 요사코이 축제
	지역산업 축제	아키타 간토 마츠리, 하다노 담배축제, 아리타 도자기 축제
	특수 목적 축제	센다이 다나바타 마츠리, 아오모리 네부타 마츠리

자료: 이경모, 『이벤트학원론』, 350쪽 수정해 저자 작성.

문화축제를 비롯해 최근에 많이 개최되기 시작한 구민의 날이나 시·군민의 날을 기념해 개최되는 축제를 말한다. 이것은 참가자에 따라 분류하면 귀속형 이벤트에 해당되며, 각자 소속된 단체나 모임의 소속감을 고취시키는 이벤트가 여기에 속한다.

둘째, 문화관광 축제는 문화와 관련된 축제 및 관광자원을 소재로 한 행사로서 관광산업의 발전과 관광객 유치를 통한 지역경제의 특성화·활성화를 목적으로 하는 축제를 말한다.

셋째, 지역산업 축제는 비교적 빈도가 높게 나타나는 관광축제를 제외한 다른 산업 분야, 즉 농림축산업, 어업, 상업 등의 발전을 목적으로 개최하는 축제를 말한다.

넷째, 특수 목적 축제는 환경보호 또는 역사적 인물이나 사실을 추모하거나 재현하는 것을 목적으로 해서 개최하는 축제 등을 포함한다.

〈사진 2-1〉 지역산업 축제 사례

니가타(新潟) 마츠리

니가타 마츠리의 전통악기와 민요

〈사진 2-2〉 지역산업 축제 사례

아리타(有田) 도자기 축제

4) 실시 형태별 분류

축제가 어떠한 형태로 실시되는지에 따라서는 축제, 지역축제, 카니발 carnival, 퍼레이드parade, 가장행렬로 구분된다. 세계적으로 유명한 대규모 축제로는 영국 스코틀랜드의 에든버러축제Edinburgh Festival, 독일 뮌헨의 옥토버페스트Oktoberfest 등이 있다. 지역축제는 지역주민의 생활과 문화를 축제를 통해 집약적이고 함축적으로 표출한 것으로 지역문화의 총체라고 할 수 있으며, 지역 경쟁력을 갖추기 위해 차별된 공간과 시간을 표현하고 이에 참여자들을 동화시키는 제전을 의미한다.

카니발은 본래 기독교의 사순절이 시작되기 직전의 축제를 뜻한다. 단어의 기원은 13세기 이탈리아로 거슬러 올라간다. 라틴어에서 비롯된 이 단어에는 두 가지 설명이 있는데, 하나는 카로스 나바리스carrus navalis(배 마차)에서 비롯되었다는 것이고 또 다른 하나는 '카르네 레바레carne levare(금육)'에서 비롯되었다는 것이다. 우리말로는 '사육제'로 번역되며 프랑스의 니스 카니발Nice Carnival, 이탈리아의 베네치아 카니발Venezia Carnival, 브라질의 리우 카니발Rio Carnival이 세계 3대 카니발로 불린다.

가장행렬은 가면 등을 쓰고 평소와 다른 모습으로 꾸미고 퍼레이드를 진행하는 행사로서 주술적인 요소를 내포하고 있으며, 종교적 행사·축제·의례 때 가면이나 동물의 머리 등을 쓰고 거리를 누비는 풍습에서 유래했다. 현재는 라틴계 국가의 카니발이나 프랑스혁명을 기념하는 프랑스 파리 제祭의 가장행렬이 세계적으로 널리 알려져 있다. 카니발의 가장행렬은 가장무도회와 병행해서 발달했기 때문에 오늘날 카니발이 거행되는 나라에서는 이 두 가지가 함께 행해지는데, 전통적인 형태를 보존하고 있는 가장행렬은 라틴계 카니발뿐이다. 가장행렬은 극단적인 비일상성을 체험할 수 있도록 해서 해방감을 느끼게 해주므로 각종 이벤트나 축하 퍼레이드 등에 자주 등장하며, 이때 효과를 높이기 위해 콘테스트식의 경연을 벌이기도 한다.

마지막으로 퍼레이드는 축제나 축하 행사 등에서 축하 또는 환영받을 사람들이 장식된 탈것을 타거나 걸어서 악대 등과 함께 시가지를 지나가는 일을 가리킨다. 이러한 퍼레이드 방식은 일본 마츠리에 자주 등장하며, 매우 중요한 요소로 자리 잡고 있다. 단체 참가자의 군무에 의한 춤사위나 수레, 신전 가마(오미코시御神輿), 등롱灯籠, 전통악기 등을 이용해 대규모 퍼레이드나 집단 행렬을 펼치는 것은 관객에게 흥미를 제공할 뿐만 아니라, 대회 참가에 의한 만족을 극대화시킬 수 있기 때문에 자주 활용되는 이벤트 프로그램이라 할 수 있다.

제2부
일본 마츠리의 사례 분석

제3장

전통문화를 소재로 한 사례

1. 격년마다 특징을 달리하는 전통문화축제: 도쿄 간다 마츠리

1) 간다 마츠리의 행사 내역과 개요

간다 마츠리는 에도 3대 마츠리이며, 도쿄에서 유일하게 일본 3대 마츠리에 손꼽힌다. 간다 마츠리는 대규모이기 때문에 격년으로 실시되고 있다. 이러한 대규모 축제를 혼 마츠리本祭り라고 하는데 이는 2년에 한 번씩 열리며, 혼 마츠리가 열리지 않는 해에는 혼 마츠리보다 적은 규모로 가게 마츠리陰祭り가 열린다.

에도江戸시대[1] 막부 후기에는 '덴카 마츠리天下祭'라고도 말했고, 현재도

1 도쿠가와 이에야스(徳川家康)가 세운 막부(幕府, 무신 정권) 시대이다. 1603년에 시작해 1867년까지 250여 년간 지속되다가 메이지 유신(明治維新)에 의한 왕정복고가 이루어지기까지 안으로 평화를 구가하고 정치적 안정과 경제적 성장을 이룩한 일본 봉건시대의 마지막 시대이다.

산노 마츠리와 함께 덴카 마츠리, '고요 마츠리御用祭'라고도 말해지는데, 이 두 마츠리만이 에도 성 안에 들어설 수 있다. 현재의 간다 마츠리는 신코사이神幸祭, 미코시미야이리御輿宮入를 중심으로 약 1주일에 걸쳐서 실시된다.

간다 마츠리를 주최하는 간다묘진神田明神 신사는 730년에 설립되었고, 약 1300년 가까운 역사를 지녔다. JR 오차노미즈御茶ノ水 역의 히지리바시聖橋에서 도보로 4, 5분 정도이다.

간다 마츠리는 도쿄의 중심부인 108지역(간다神田, 니혼바시日本橋, 오테마치大手町, 마루노우치丸の内 등)을 차지하는 규모이다. 따라서 덴카 마츠리天下祭, 즉 천하의 마츠리로 칭할 수 있을 정도로 화려하다.

'덴카 마츠리'로 알려진 간다 마츠리는 선상축제의 형태라 할 수 있는 '후나토교船渡御' 중심이었다고 한다. 각 지역에서 화려하게 장식한 36대의 수레가 많은 사람들의 눈을 끈다. 수레뿐만 아니라 쓰케 마츠리附け祭り라고 하는 다른 공연들도 인기를 얻고 있다. 쓰케 마츠리란 여러 가지 유행 의상을 입고 음악을 연주하면서 행렬에 참가하는 무희 등을 말하는데 매회 다른 상연물들이 나오기 때문에 보는 사람들을 즐겁게 해준다.

간다 마츠리 제례의 중심은 미코시神輿(신을 모신 가마)의 행차이다. 크고 작은 것을 합쳐 100기 이상의 가마가 행차하며 그중 약 70기가 신사까지 순행한다. 2년에 한 번씩 열리는 혼 마츠리에서는 이치노미야, 니노미야, 산노미야의 3대의 미코시가 각각의 신을 태우고 움직인다.

- **이치노미야(一ノ宮)**: 오호나무치노 미코토大己貴命는 일본인에게는 다이고쿠 사마大黒様로서 잘 알려져 있다. 시치후쿠진七福神(칠복신), 즉 일곱 명의 복신 중 한 명이다. 이 신은 국토개발, 의료에 큰 힘을 지니고 있으며 국토 경영, 부부 화합, 결연의 신으로서 추앙되고 있다.

- **니노미야**(二ノ宮): 스쿠나히코나노 미코토少彦名命는 에비스 사마恵比寿様라고도 불리는데 가계 번영, 건강, 개운의 신으로 추앙되고 있다. 이치노미야의 오호나무지노 미코토 신과 함께 일본을 다스렸다고 한다.
- **산노미야**(三ノ宮): 다이라노마사카도노 미코토平将門命, 마사카도 사마まさかど様라고도 한다. 액막이를 해주는 신으로 추앙되고 있다.

2) 간다 마츠리의 발전 과정

간다 마츠리는 에도시대에서 출발해 메이지明治·다이쇼大正·쇼와昭和 시대, 그리고 태평양전쟁 이후 오늘날에 이르기까지 시대에 따라 크게 세 가지 형태로 발전 과정이 구분된다.

(1) 에도시대 초기

간다 마츠리는 후나토교(배의 행렬)에서 출발하여 '엔포延宝(일본의 연호, 1673~1681년)' 시대에는 매년 실시되었다. 에도시대 초기에는 '산노히에 신사山王日枝 神社'에서 열리는 '산노 마츠리山王祭'와 격년으로 실시되었고 이후 2년에 한 번씩 9월에 열렸다.

간다 마츠리는 그 당시 집권층인 에도막부의 비호를 받으며 주로 에도 성내城内에 축제의 행렬이 이어졌으며 소수의 대신이나 장군이 관람했기 때문에 백성으로부터 '덴카 마츠리'로 불리게 되었다.

행렬은 신사에서 운영하는 2기의 미코시를 중심으로 해서 각 '우지코氏子(같은 신을 모시는 사람들)' 마을로부터 36대의 '다시山車(수레)'가 뒤를 잇게 되고 여기에 '쓰케 마츠리附け祭(미코시 행렬 뒤에 여러 장식을 한 다시 등의 퍼레이드)' 등 성대한 축제 행렬이 가세하여 웅장한 분위기와 함께 장관을 이루었다.

(2) 메이지, 다이쇼, 쇼와 시대

에도시대가 막을 내리고 수도의 명칭이 도쿄로 바뀌면서 축제에 동원되었던 다시(수레)의 규모는 크게 감소되었다. 한때 40대 이상의 다시가 축제에 참가했던 것을 정점으로 메이지 22년(1889년) 이래 불경기가 계속되자 그 모습이 보이지 않게 되었다. 또한 메이지 25년(1892년)에는 태풍 피해와 질병이 크게 유행했기 때문에 부득이 축제의 개최 시기를 9월에서 5월로 변경해 실시했다. 이후 현재까지 간다 마츠리는 5월에 실시하고 있다.

다이쇼 시대 이후 축제의 주역이 기존의 다시(수레)의 행렬에서 신사의 미코시로 바뀌게 되면서 거리의 행렬에 미코시가 등장하게 되었다. 축제의 메인 프로그램인 도교사이渡御祭(미코시의 행차)는 며칠 동안 우지코가 각 마을 곳곳을 순회하는 행사로 길게는 1주일에 걸쳐 실시했다.

다이쇼 8년(1919년), 2기의 미코시를 '호렌鳳輦(미코시의 이름)' 1기로 대체했지만 다이쇼 12년(1923년)의 간토 대지진으로 소실되어 축제에는 한 번밖에 모습을 나타내지 못했다고 한다. 대지진의 여파로 몇 번이나 도교사이는 연기되었으나 쇼와 5년(1930년)에 다시 부활해 '이치노미야 호렌一ノ宮鳳輦'과 '니노미야 미코시二ノ宮神輿'가 축제의 행차를 주도했다.

(3) 태평양전쟁 이후

전후 마츠리의 명칭은 '도교사이'에서 '신코사이神幸祭'로 변경되었다. 쇼와 27년(1952년), 처음으로 신코사이가 실시되어 이치노미야 호렌이 마츠리의 행차를 주도했다. 또한 우지코 지역회를 주축으로 미코시의 대규모 가마 수레행렬인 '렌고미야이리連合宮入'가 처음 축제에 참가했다.

〈사진 3-1〉 간다 마츠리

전통복장의 행사 참가자

쇼와 50년(1975년), 미쓰코시에서 봉납된 니노미야 미코시가 행렬에 참가했으며 쇼와 59년(1984년)에 마츠리의 신으로 정식으로 인정된 '다이라노 마사카도노 미코토'를 모시는 신전 가마인 '산노미야 호렌三ノ宮鳳輦'이 새롭게 제작되어 쇼와 62년(1987년)부터 축제 행렬에 참가했다.

또한 간다 마츠리는 헤이세이平成 시대(1990년 이후)에 들어서면서 다시(수레)가 부활되었고 애드벌룬을 이용하는 쓰케 마츠리와 후나토교가 축제에 새롭게 단장해 등장했다. 오늘날에는 축제 행사를 인터넷 동영상으로 생중계하는 등 축제 초기에 비하면 매우 다양해진 행사가 진행되고 있다. 또한 '혼 마츠리'가 아닌 '가게 마츠리'의 해에도 헤이세이 16년(2004년)부터

〈사진 3-2〉 간다 마츠리

행사의 출발 모습

는 미코시가 축제 행렬에 참가하고 있다.

3) 간다 마츠리의 특징[2]

매년 대회의 성격에 따라 약간의 차이는 존재하지만, 간다 마츠리의 구체적인 일정을 살펴보면 다음과 같다.

---

2 "일본 전통축제 마츠리의 특징과 심층분석(간다 마츠리)", ≪월간이벤트≫, 2006년 7월호, 136~141쪽.

2006년도를 예를 들면, 이 해는 혼 마츠리가 아닌 가게 마츠리의 해로, 규정에 따라 대규모의 축제로는 이어지지 않았으며 4일간 축제가 실시되었다.

(1) 1일째: 오미코시고레이센자사이(大神輿御霊遷座祭)

행사 첫날은 간다묘진에서 시작되며 무형문화재인 간다 하야시 봉납연주囃子 奉納演奏가 행해진다. 저녁 7시가 되자 부슬비가 내리는 땅거미 속에서 하얀 복장을 한 신관에 의해 본전에서부터 고사이진御祭神(축제 신)의 영령을 미코시로 옮기는 의식이 거행된다.

의식은 본전에서 조심스럽고도 엄숙하며 장엄한 분위기에서 진행되며 축제 신을 불러와 그 신을 모시고 미코시가 있는 곳까지 모시고 가는 의식으로 구성되어 있다.

(2) 2일째: 하쓰요사이(発輿祭)

아침 7시 하쓰요사이가 시작되며 미코시가 신사를 나서서 오후 5시 반에 신사로 돌아온다. 전통복장을 한 신관들이 미코시에 옮겨진 영령을 위해 제를 올린다. 제를 올린 이후에 우지코들이 미코시를 둘러메고 간다묘진 경내를 한 바퀴 힘 있게 순행한다. 그러한 기세로 신사의 도리이鳥居[3]를 나서는 것을 미야다시宮出し라고 한다. 도리이를 나선 후에는 우지코들과 관광객들이 하나가 되어 각 지역의 행차를 나선다.

---

3 도리이는 일본 신사의 입구에서 발견되는 제례의식과 관련된 문을 가리킨다. 두 개의 기둥과 꼭대기를 연결하는 연결대로 구성되어 있는 형태가 일반적이다. 대부분 주홍색으로 칠해져 있고 모양이 홍살문과 비슷하다.

행렬에는 '간다묘진 다카바리초친神田明神高張り提灯(높게 올린 제등)'이 선두로 나서며 그 뒤로는 사자 머리를 한 다시(수레), 우지코 대표자들과 미코시 등이 나선다. 때때로 비가 내리는 속에서도 남녀노소를 불문하고 축제에 참가하며 그들은 간다 마츠리 속에서 하나가 된다.

(3) 3일째: 레이타이사이(例大祭)

오후 2시부터 전통적 복장을 입은 신관들이 간다묘진 경내를 한 바퀴 순회하면서 본전으로 들어선다. 신관들은 본전에서 일본의 평화와 안전, 지역의 행복을 기원하는 행사를 실시한다. 이는 연중행사 중에서 가장 중요한 행사이기도 하다. 간다묘진 경내에 세워진 텐트 안에 우지코 지역 대표자들이 모여 있고, 그 뒤로는 일반 관람자들이 본전에서 행해지는 레이타이사이를 관람한다.

(4) 4일째: 겐차시키(献茶式)

오전 11시에 시작되는 겐차시키는 미코시의 행차 등과 다르게 조용하면서 엄숙하게 이루어진다. 이 겐차시키는 쇼와 37년(1962년)에 처음 시작한 의식이다. 또한 저녁 6시에는 2003년 간다 마츠리에서 285년 만에 부활한 간다노神田能(전통 예)가 열린다. 에도시대에 간다묘진에서 행해진 '신지노神事能(신사에 제례로 봉납되는 농악)'와 같이 친밀하며 알기 쉬운 무대로 지금도 일반인들에게 호평을 받고 있다.

이 무대를 보기 위해서는 먼저 티켓을 구입해야 하며 이 티켓은 간다 마츠리가 열리기 전부터 편의점(로손LAWSON)이나 간다묘진 휴게소에서 구입이 가능하다.

〈사진 3-3〉 간다 마츠리

미코시에 옮길 영령을 모시는 제례의식

4) 에도 3대 마츠리

간다 마츠리는 에도 3대 마츠리의 하나로 일본의 수도인 도쿄 지역을 대표하는 전통축제 중 하나이다. 에도 3대 마츠리에는 간다 마츠리 외에도 산노 마츠리와 산자 마츠리가 함께 포함되는데, 이들을 자세히 소개함으로써 에도 마츠리의 특징을 좀 더 명확히 하고자 한다.

(1) 산노 마츠리

'히에신사日枝神社'에서 6월 중순부터 약 1주일간 개최되는 산노 마츠리는 간다 마츠리와 함께 '덴카 마츠리'로 불린다. 이는 이 두 개의 마츠리 행렬만이 에도 성 안에 들어갈 수 있었기 때문이라고 한다. 산노 마츠리와 간다 마츠리는 대규모 축제로서 그 막대한 행사비용 때문에 서로 격년으로 혼 마츠리를 개최하고 있다.

히에신사는 가마쿠라鎌倉 시대의 초기, '산노궁山王宮'에서 창시되었으며 도쿠가와 이에야스 등 역대 장군에 의해서 전국적으로 확산되었다. 그 시절의 모습이 담긴 그림 등으로 전해오는 제례의 모습은 매우 현란하면서 화려하다. 행렬에 사용되는 장식된 40기의 수레, 각 마을마다 마치 서로 경쟁하듯이 거리를 지나가는 행렬 등, 그 위용은 현재도 격년으로 행해지고 있는 '신코사이神幸祭'에서 다시 확인할 수 있다.

신코사이에는 전통적인 의례나 제례행사에 사용되는 수레나 마차인 고호렌御鳳輦 2대, 미야미코시宮御輿 1대, 다시山車 3대로 왕조 장식을 한 약 500명이 이를 둘러메고 약 1km가 넘는 행렬을 이룬다. 이러한 행렬이 고쿄皇居(황궁), 마루노우치丸の内, 긴자銀座, 신바시新橋, 국회의사당 등 큰 빌딩이 밀집되어 있는 일본의 중심가를 화려하고 웅장하게 지나가는 광경은 덴카 마츠리라는 명성에 손색이 없는 모습이다. 산노 마츠리는 이러한 전통적인 행렬과 중세에 크게 유행한 '악극'을 매년 상영하며 다양한 프로그램을 함께 관람할 수 있다.

(2) 산자 마츠리

도쿄에서 가장 크고 잘 알려진 아사쿠사 신사浅草神社는 메이지 정부의 '신불리령神佛離令'에 의해 '센소우지浅草寺'로 나누어지기 전까지는 같은 본류에서 시작되었다. 경내의 샤덴社殿은 1649년에 도쿠가와 막부의 3대 장군이 기부한 것으로 현재 중요 문화재로 지정되어 있다.

이곳에서 개최되는 축제는 '간논 마츠리觀音祭'라고 불리며 3월 17일, 18일에 나누어 행해지고 있었지만 분리 후에 간논 마츠리는 센소우지의 '지겐에示現会'와 아사쿠사 신사의 마츠리로서 '산자 마츠리'로 나뉘어졌으며, 지겐에는 3월에 산자 마츠리는 5월 17일, 18일(이날에 가까운 토·일요일)에 행하게 되었다. 산자 마츠리는 매년 5월 중순경에 아사쿠사 신사를 중심으로 금·토·일 3일간 개최된다. 도쿄의 전통 신전 가마인 미코시를 이용한 축제 중에서는 가장 웅장하면서 화려하다고 할 수 있다.

'산자사마三社樣'라는 이름으로도 잘 알려진 아사쿠사 신사의 유래는 다음과 같다. 628년 두 명의 어부가 어느 날 '스미다 강隅田川(도쿄의 동부 도쿄만과 도쿄의 북부를 연결하는 강)'에서 고기를 잡으려고 계속해서 그물을 던졌는데 우연히 인형 하나가 걸려 올라왔다. 어부가 마침 이곳을 지나는 '하지노 마나카치土師真中知'라는 사람에게 이것을 보여주자 관세음보살의 공덕임을 깨우쳐주었고, 그 후 세 사람은 소중한 관계로 발전했다. 이를 기념하기 위해 후세 사람들은 이들을 '산자사마'로 부르게 되었다.

이러한 산자 마츠리의 역사를 실감할 수 있는 것이 제례 첫날에 봉헌되는 '빈자사라마이びんざさら舞い'이다. '빈자사라'는 타악기의 일종으로 티베트에서 중국을 경유해 일본에 전해온 악기이며, 빈자사라마이는 가마쿠라 시대부터 무로이室井 시대에 걸쳐 유행한 '덴가쿠田楽'라는 민속춤에서 전래된 것으로 현재 도쿄 시의 무형문화재로 지정되어 있다.

둘째 날은 44개의 마을이 중심이 되어 100여 개의 미코시가 아사쿠사에 있는 센소지의 광장 한복판에 모인다. 각각의 미코시를 둘러메고 "세이야, 세이야"라는 소리를 내며 미코시의 행차를 거행한다.

마지막 날인 일요일 제례에는 신사의 3기(신사에서 모시고 있는 신)의 미코시가 새벽 6시의 출발신호와 함께 행차하며, 이날 산자 마츠리가 절정에

달한다.

5) 일본 마츠리의 시사점

일본의 마츠리는 연령과 성별에 관계없이 모든 경계선을 넘어서 무심의 에너지를 느끼게 한다. 또한 일본 고대부터 내려오는 문화의 계승이라고 할 수 있다. 마츠리를 운영하는 사람, 참가하는 사람, 그리고 보는 사람, 모든 사람들이 하나가 되는 유일한 문화라고 할 수 있다.

한국에도 다양한 전통축제가 있다. 세시풍속으로 사당 등에서 정례적으로 유교제사를 지냈다. 그러나 한국의 전통의례는 일제 강점기에 일본인들에 의해 미신으로 규정되었다. 한국에는 이렇게 파괴되어버린 전통문화가 많다.

한국의 전통축제는 소멸되거나 그 원형을 잃어버리고 또 다른 현대적인 축제를 양산했다. 전통문화를 소재로 해서 실시되는 축제가 철저하게 상업형이 되어버리는 경우도 많다.

그러나 일본의 마츠리는 전통을 중요시 여기는 제사적인 성격과 화려하면서 현대적인 축제적 성격을 가지고 있다. 일본 3대 마츠리나 에도 3대 마츠리 등은 전통성을 중요시 여기고 일본의 문화를 계승해왔다.

이렇듯 전통문화를 계승시키는 일본의 사례를 보며 한국의 축제도 한국 전통의 계승을 중요시 여기며 이와 함께 상업적인 면을 병행하는 전략이 필요하다는 생각이 든다.

일본의 마츠리에서 배워야 할 점으로는 먼저 전통적인 문화와 민속적인 내용이 지금까지도 빛을 잃지 않고 원형 그대로 잘 보존되어 있다는 것이다. 또한 축제를 기획하고 실행할 수 있는 전문인력의 존재이다. 일본은

1000년 이상을 지켜온 마츠리와 함께 그 기획과 실행을 위한 전문적인 인력도 함께 키워왔다고 볼 수 있다.

일본 마츠리의 대표적인 특징은 무엇보다 집단 참여 방식, 기량과 수행능력의 계승을 통한 참여조직의 대형화를 들 수 있다. 이로 인해 오랜 세월에 걸쳐 자연스럽게 전문인력이 양성될 수 있었기 때문에 이것이 주민자치조직만으로 대형축제를 소화해낼 수 있는 원동력이 되었던 것이다.

또 다른 특징은 지역을 대표하는 문화상품과 지역 활성화이다. 일본의 마츠리는 지역을 대표하는 특성을 가지고 있으며, 그 지역의 특색을 표현하고 있다. 또한 마츠리에는 지역주민의 자발적인 참여가 필요한데, 일본의 마츠리는 신사를 중심으로 그 지역 사람들의 적극적인 참여가 돋보인다. 남녀노소 관계없이 지역의 모든 사람들이 미코시를 메는 것이 하나의 상징이 될 정도이다. 지역 사람들에 의해 마츠리가 운영되는 것은 일본의 마츠리의 가장 큰 특징 중 하나이다.

2. 오사카 덴진 마츠리: 물과 불의 조화에 의한 수상제

1) 오사카 덴진 마츠리의 개요

오사카의 덴진 마츠리는 간사이關西 지방을 대표하는 지역축제의 하나다. 덴진 마츠리는 도쿄 간다 마츠리, 교토의 기온 마츠리와 더불어 일본의 3대 마츠리의 하나로 포함될 정도로 그 역사나 전통, 규모 면에서 다른 축제를 압도하고 있을 정도로 유명하다.

덴진 마츠리는 1000여 년의 역사와 전통을 자랑하는 오사카의 대표적인

덴진 마츠리

대회 성격 간사이 지역의 대표적인 여름 전통축제이며 일본 3대 마츠리의 하나
개최 장소 일본 혼슈(本州) 서부의 오사카
시작 연도 951년(현재의 축제는 16세기 중반 에도시대의 모습과 유사)
개최 일시 매년 7월 24일부터 25일 양일간
유래 스가와라노 미치자네 공의 진혼제가 그 기원으로 1000년 이상의 역사와 전통을 가지고 있다.
규모 덴만구의 대규모 축제(매년 100만 명 이상의 방문객이 참여)
콘셉트 물과 불의 조화
특징 물의 도시 오사카를 대표하는 선상 마츠리로 주요 이벤트는 100여 척의 화려한 배들이 강을 거슬러 올라가는 후나토교와 강 위에서 벌어지는 불꽃놀이이다.
행사 수상제, 불꽃놀이, 거리의 전통행렬 등의 공식 행사와 다양한 부대 행사

여름 전통축제이다. 7월 24일에서 25일 양일간 개막되는 이 축제의 하이라이트는 강가에서 진행되는 수상제水上祭와 거리에서 펼쳐지는 전통행렬 및 의식이다. 덴진 마츠리는 951년에 덴만구天滿宮라는 신사에서 심령을 바닷가로 옮기는 제례의식을 시작한 데서 유래되었다.

현재의 덴진 마츠리의 모습은 16세기 중반 에도시대 도요토미 히데요시가 오사카 성을 축조했을 당시의 축제 모습과 다르지 않다. 그 당시의 오사카는 상업이 매우 발전해 국가의 예산과 재정을 전담할 정도로 번창했으며 이와 같은 상인들의 재력을 바탕으로 다른 축제보다 더욱 화려하고 큰 규모로 거행되었다.

7월 25일 행사 첫날 오후 4시부터 시작되는 거리에서의 전통행렬에서는 오가와 강大川의 나루터로 향하는 약 4km의 거리를 3000여 명의 진행요원이 일본 전통 가마 미코시를 어깨에 메고 행진하고, 다른 한쪽에서는 전통의상을 입은 사람들이 사자춤을 추며 관객들을 매료시킨다.

〈사진 3-4〉 덴진 마츠리

선상제에 참가하는 배의 모습

오후 6시, 드디어 행렬대가 강가에 도착하면 덴진 마츠리의 주요 이벤트인 수상제가 이어진다. 화롯불과 제등으로 화려하게 장식한 100척 정도의 배가 강을 가득 메우고 일본 불꽃놀이 '하나비花火'를 선보이며 축제의 밤을 환하게 수놓는다.

이와 같이 덴진 마츠리는 강물에 비친 불빛과 밤하늘을 수놓는 불꽃이 어우러진 화려하고 역동적인 일본 전통행사의 하나로서 물과 불을 주제로 해서 다른 곳과의 차별화를 꾀하고 있다.

종전 이후에는 제2차 세계대전의 여파 때문에 선박을 이용해 오미코시 행렬을 진행하는 후나토교는 10년 이상 중지되었으며 1974년에는 오일 쇼크로 일시적으로 행사가 중단되는 등의 어려움이 있었다. 그러나 이전과는 조금 다른 형태의 오미코시가 새롭게 축제에 등장했고 해마다 특색 있는 행사가 가미되면서 현재는 100만 명 이상의 방문객들이 이를 보기 위해 전국 각지로부터 모여들고 있다.

2) 덴진 마츠리의 발전 과정과 행사 내용에 관한 심층 분석

덴진 마츠리는 일본 혼슈本州 지역 서쪽에 위치한 오사카의 대표적인 전통 민속축제다. 하늘의 신에게 풍요를 기원하며 제를 올리는 천신제天神祭의 일종으로 시기적으로는 여름에 열리는 축제로 잘 알려져 있다. 수천 개에 달하는 일본의 마츠리 중에서 도쿄, 교토의 마츠리와 함께 '일본 3대 마츠리'에 속하며, '일본 3대 선상船上 마츠리'이기도 하다.

덴진 마츠리는 매년 7월 24일부터 25일 사이에 이틀 동안 덴만구 신사와 주변 지역을 중심으로 개최된다. 949년 덴만구 신사가 건립된 다음 해인 6월 1일, 헤이안平安 시대(794~1185년)의 저명한 정치가이자 학자였던 '스가와라노 미치자네 공管原道真公'[4]의 영을 기리고 받드는 의식을 행하기 위해

---

4 845~903년. 미치자네 공은 죽은 후 학문의 신으로 추앙받고 있다. 일본 각 지역에 산재하는 덴만구 신사는 대부분 그를 신으로 모시고 추앙하고 있다. 그는 발해(渤海)에서 파견한 사신이 일본에 올 때 외교 업무를 주로 담당했으며, 한국과도 관계가 깊다. 미치자네 공이 운명하자, 그의 영험을 받은 소나무가 하룻밤 사이에 자라서 그것을 옮긴 것이 지금의 기타노(北野) 덴만구이다. 이 소나무를 가리켜 이치야 마쓰(一夜松) 또는 히토요 마쓰라고 하는데, 사전적 의미는 '하룻밤 사이에 자라난 소나무'이다. 한편, 이 나무는 덴진 마츠리의 축제 행사에 등장하는데 행사 참가자들은 미치자네의 신통(神通)에 의해 자라난 신성한 소나무, 즉 신목(神木)의 의미로서 받아들이고 있다. 나무를 신성시하는 것은 다른 일본 설화에서도 자주 발견할 수 있는데 일본인의 의식 속에 소나무가 매우 중요한 부분으로 차지하고 있음을 엿볼 수 있다.

〈사진 3-5〉 덴진 마츠리

신전 가마(고호렌)

시작되었다. 덴진 마츠리는 가미호코神鉾(창과 도끼의 기능을 갖춘 무기)를 바다에 띄우고 그것이 닿은 해변에 제사단을 마련해 시령을 안치하는 제례의식 등, 여러 종교행사를 가미한 축제 프로그램이 시대의 변화와 함께 계승·발전되면서 오늘날의 모습을 갖추게 되었다.

이후에는 미치자네라는 한 개인보다 염병이나 나쁜 전염병을 쫓아내는 의식의 하나로서 진행되는 축제로 변모했다. 오랜 세월이 지나고 16세기 중반 에도시대, 도요토미 히데요시가 천하를 통일하면서 일본의 중심은 간사이 지방의 대도시인 오사카로 옮겨지게 되었다. 그 당시 오사카는 교통의 중심지로 지역경제가 매우 활발했다.

현재 인구가 270만 명인 오사카는 도쿄, 요코하마横浜에 이어 일본에서 세 번째로 큰 도시이다. 오사카는 도요토미 시대 성곽도시로부터 발전해 오늘날에는 일본 간사이 지방 최대의 도시가 되었고, 강과 바다가 도시를 둘러싸고 있어 '물의 도시'라고도 불린다. 한편 오사카는 전형적인 소비도시로서 번화가가 많고 '일본의 주방'이라고 불릴 정도로 음식 문화가 발달했다. 전통 요리뿐만 아니라 퓨전 요리 그리고 외식 문화도 두루 발달해 저렴하고 맛있는 식당이 매우 많다.

과거부터 상업이 융성했던 오사카의 번영은 근대까지 이어져 1930년대에는 충분한 재정을 바탕으로 축제에 참가하는 배의 수가 200여 척에 이르렀지만 현재는 경비 절감 문제로 100여 척으로 제한하고 있다. 막부 정권 말기 또 두 차례에 걸친 세계대전 등 국제적인 정세가 혼란할 때는 중단되기도 했지만, 전후인 1949년 후나토교를 중심으로 축제가 부활했으며 현재와 같은 축제의 모습으로 완전히 복원된 것은 1953년부터이다. 이렇듯 덴진 마츠리는 오사카의 번영의 상징으로 계승·발전되어 그 화려함과 장엄함에서 타의 추종을 불허한다.

7월 24일 축제 첫날에는 도지마 강堂島川에서 한 해의 풍요와 안전에 대해 신의神意를 묻는 호코나가시鉾流(강물에 창 띄우기) 행사를 치르고, 25일에는 오후 6시부터 후나토교 행사가 시작되면서 축제는 절정을 맞는다. 후나토교에서는 화려한 천과 초롱, 횃불로 장식한 배에 신사에서 출발한 전통 행렬을 태우고 도시마 강 및 오가와 강을 거슬러 올라가는 수상제를 펼친다. 이때 북을 함께 연주하며 화려한 불꽃놀이도 펼쳐진다. 과거에는 행사에 동원되는 배들이 강을 건너는 형식을 취했지만 강의 흐름을 방해해 진행하는 데 어려움이 많아 강을 거슬러 올라가는 방식으로 바뀌었다. 다른 축제와는 달리 육지에서뿐만 아니라 강에서도 함께 축제를 즐길 수 있다는 점이 매우 매력적이다.

마츠리 관련 용어

- 미코시(神輿): 신위(神位)를 모신 가마
- 도교(渡御): 제례 때의 신을 모신 가마를 가리키며 천황(天皇)이나 미코시의 행렬
- 덴가쿠(田楽): 헤이안 시대부터 모내기에 흥을 내기 위해 사용되던 춤과 음악
- 야마(山)와 호코(鉾): 야마는 가마, 호코는 창을 뜻함. 가마의 윗부분에 창, 칼을 세워 화려하게 장식한 수레
- 오하야시(お囃子): 일본 가부키(歌舞伎)나 전통 춤 등에서 흥을 돋우기 위해 피리·북 등으로 반주하는 음악
- 교도(挙動): 임금이나 천황, 신의 나들이 또는 행렬. 비슷한 의미로 거가(車駕)가 있다
- 호렌(鳳輦): 집 모양 위에 금동의 봉황을 붙인 신전 가마나 마차
- 우지코(氏子): 같은 마을에서 같은 신을 모시는 사람들
- 미야이리(宮入): 축제의 전통행렬이나 마차 등이 신사 경내로 들어가는 것
- 단지리(地車): 의식에 등장하는 장식 수레
- 부교(奉行): 신을 받들어 모시는 의식을 진행하는 사람
- 초친(提灯): 축제에 장식되는 제등
- 오하구루마(御羽車): 신전 가마인 미코시의 일종
- 다시(山車): 축제나 마츠리에 사용되는 수레의 일종
- 치고(稚児): 마츠리의 행렬에 참가하는 어린이

수상제의 밤에는 배들의 행렬과 하늘을 수놓는 수많은 불꽃들이 오사카의 여름밤을 아름답게 장식한다. 하나비에 사용되는 불꽃 화약은 과거 3000발에서 좀 더 관중들의 흥미를 유발하기 위해 2007년부터 5000발로 늘어나 밤하늘에 장관을 연출한다.

이 때문에 텐진 마츠리의 차별화된 콘셉트이기도 한 강가의 물과 밤하늘의 불꽃이 조화를 이루며 일대의 장관을 연출하며 참가자들에게 최대의 볼거리와 감동을 준다. 텐진 마츠리를 '불과 물의 축전'이라고 부르는 이유가 여기에 있다.

이 밖에 호코나가시, 호노하나비(불꽃놀이), 퍼레이드, 전통 북 연주, 사

자춤, 용춤, 어린이들의 행진 등의 부대 행사가 열려 참가자들에게 또 다른 볼거리를 제공한다.

(1) 7월 24일 주요 행사 일정

행사 진행 순서
요미야사이(오전 7시 45분) → 호코나가시 신지(오전 8시 50분) → 모요오시 다이코(오후 4시) · 미야이리 · 시시마이 → 단지리 바야시(오후 7시)

- **요미야사이**(宵宮祭)

개막일인 7월 24일에 행해지는 전통행사이다. 요미야사이는 행사의 출발점인 신사의 본전本殿에서부터 시작해 하루 동안 예정된 프로그램이며 이후에 호코나가시 신지鉾流神事, 모요오시 다이코催太鼓~미야이리宮入り · 시시마이獅子舞, 단지리 바야시地車囃子 등의 순서대로 진행된다.

- **호코나가시 신지**(鉾流神事)

요미야사이의 첫 번째 프로그램이다. 축제의 시작에 앞서서 축제의 안전과 주변 상가의 번영을 기원하는 의식으로 개막식의 성격을 갖는다. 강물에 창 모양의 제물인 호코를 띄우고 개막을 선언한다.

- **모요오시 다이코**(催太鼓) · **미야이리**(宮入) · **시시마이**(獅子舞)

모요오시 다이코는 신을 모신 가마인 미코시를 메고 거리의 퍼레이드를 진행할 때 축제의 의식과 분위기를 고조시키기 위해 사용하는 전통 악기 중 하나인 대형 북을 말한다. 이렇듯 축제의 시작을 널리 알리기 위해 메인 장소인 덴만구 신사 주변을 순회하며 연주를 하면서 흥을 돋우다가 저녁 무렵 다시 미야이리(신사 경내로 들어옴)를 행한다. 또한 시시마이는 전통 사자춤을 가리키는데 축제의 분위기를 북돋우며 흥

〈사진 3-6〉 덴진 마츠리

일본 전통 북: 모요오시 다이코

을 고조시키기 위한 덴진 마츠리의 또 하나의 볼거리이다.

- **단지리 바야시**(地車囃子)

  화려하게 장식한 수레와 함께 피리·북 등으로 음악을 연주하면서 축제의 분위기를 고조시킨다. 이러한 단지리 바야시는 덴만구의 경내에서 펼쳐지며 역동적인 용춤도 관객의 눈길을 끌고 있다.

(2) 7월 25일 주요 행사 일정

축제 첫날의 요미야사이가 축제의 서막을 알리는 행사라면 둘째 날인 25일의 행사는 덴진 마츠리의 클라이맥스를 이루는 프로그램으로 구성된다.

여기에서 진행되는 행사는 크게 리쿠토교와 후나토교로 구분된다.

축제 최대의 볼거리는 역시 7월 25일 열리는 리쿠토교와 후나토교이다. 커다란 전통 북을 앞세우며 진행되는 약 3000명으로 구성된 전통행렬이 오후 4시부터 주요 행사장인 덴만구를 출발하면서 본격적으로 리쿠토교가 시작된다. 오후 6시경에 가두 행진을 마친 행렬대는 후나토교를 위해 배로 장소를 옮긴다. 이때 성대한 불꽃놀이와 함께 선상에서 다양한 이벤트가 펼쳐진다.

① 리쿠토교(陸渡御)

덴만구 본전本殿에서는 스가와라노 미치자네 공의 탄생일을 기념하는 전통의식인 여름 대축제夏大祭가 개최된다. 전통행렬에 참가하는 수레 및 신전 가마 등에 신령을 옮기려는 의식(신레이교사이神霊移御祭)이 펼쳐지는데 이것으로 25일의 첫 행사인 리쿠토교의 준비는 완료된다.

이러한 리쿠토교의 의식은 오후 4시를 기점으로 시작되며 총 4그룹으로 구성된 행렬이 각각 정해진 일정에 맞춰 행사를 진행한다. 퍼레이드가 진행되는 거리 주변에는 일본 전통가옥과 화랑이 들어서 있고, 특히 마츠리 기간 장식되는 장식등인 초친提灯[5]이 장관을 이룬다.

---

5 마츠리에 등장해 화려하게 주변을 장식하는 등을 초친이라고 한다. 이러한 초친은 함축적인 메시지를 전달하는 커뮤니케이션 기능을 한다. 본래 초친은 신사 등의 제례의식에서 종교적인 엄숙함을 나타내기 위해 사용되어왔으나 때로는 주위를 밝게 해주며 참배객들의 통행을 안내하는 역할을 수행해왔다. 그러나 초친의 또 다른 중요한 기능은 초친에 새겨진 문자나 문장에 의해 각 지역의 소재를 나타내는 것이다. 에도시대 오사카의 각 지역에서는 정해진 구역별로 초친을 장식하는 일이 일반화되었다. 이러한 전통이 오늘날에도 계승되어 덴진 마츠리의 또 하나의 볼거리를 제공하고 있다.

• **도교레쓰 핫신**(渡御列発進: 오후 4시)

- 행렬 제1진: 전통 북인 모요오시 다이코와 화려한 장식 수레인 단지리 그리고 사자춤 등으로 행렬을 구성하며 거리의 퍼레이드를 펼친다.
- 행렬 제2진(신을 받들어 모시는 부교奉行 행렬): 도지사와 시장, 축제 진행자와 도우미, 그리고 마지막에는 축제 후원 및 협력기관의 관계자 순으로 행렬을 진행한다. 또한 행렬 중간에는 고호렌 등의 화려하게 장식된 마차나 가마가 함께 참가한다.
- 행렬 제3진: 전통 가마 미코시의 일종인 호미코시鳳神輿와 교미코시玉神輿와 같은 두 종류의 커다란 장식 가마가 행렬에 참가한다.
- 행렬 외: 덴진 마츠리에만 이용되는 장식 수레인 단지리가 뒤따른다.

② **후나토교**(船渡御)

덴진 마츠리 최대의 하이라이트는 역시 선상에서 펼쳐지는 후나토교이다. 개막 행사인 요미야사이보다 앞서 25일 진행되었던 리쿠토교는 오후 6시부터 시작되는 물과 불의 제전 후나토교에서 최고의 정점을 이룬다.

> **행사 진행 순서**
> 도교레쓰 조센(오후 6시) → 선상제(오후 7시) · 도교레쓰 조리쿠 →
> 미야이리(오후 10시) · 간교사이

• **도교레쓰 조센**(渡御列乗船)

오후 6시가 되면 리쿠토교에 의해 거리 퍼레이드를 마친 행렬이 덴진바시天神橋에 도착해 미리 마련된 배에 오른다. 행사에 참가하는 배는 100여 척으로 축제 선단은 신사로부터 옮긴 신령을 봉안하고 덴진 다리를 출발해 오가와 강 상류로 향한다. 이와 반대로 신령을 봉안한 배를 맞이하기 위해 마중 나오는 배는 히쇼바시飛翔橋에서 출발해 오가와 강을 내려온다.

- **선상제**(船上祭)

  상류로 향하는 신령을 모신 배 안에서는 스가와라노 미치자네 공의 탄생일을 기념하는 선상제가 열린다. 함께 북상하는 다른 배에서는 일본 전통 춤과 다양한 의식이 거행된다.

- **도교레쓰 조리쿠**(渡御列上陸)

  도교에 참가하는 일행은 산사의 경내에 들어가기 위해 배에서 내려 목표지인 덴만구로 향한다.

- **미야이리**(宮入) · **간교사이**(環御祭)

  드디어 덴진 마츠리의 마지막을 장식하기 위해 신사의 경내로 진입하는 미야이리가 24일 오후 4시부터 시작되어 6시간 후인 오후 10시까지 진행되며, 오랜 시간이 흐른 뒤에 신사에 귀환한다.

  거리 행렬을 끝마치고 먼저 도착한 전통 북인 모요오시 다이코 악대의 힘찬 북소리와 함께 참가자들의 박수소리[6]가 정해진 전통 리듬에 맞춰 경내에 울려 퍼진다. 이때 신사의 본전에서 축제 프로그램의 마지막인

---

6 일본 마츠리 참가자들에게서 공통적으로 느낄 수 있는 것은 서로 다른 지역에서 모였음에도 불구하고 금방 축제 분위기에 젖어 들면서 쉽게 혼연일체가 된다는 점이다. 각 지역별로 개최되는 마츠리에는 저마다 특징 있는 '박수 치기 규칙'이 미리 정해져 있다. 박수의 일정한 규칙은 간단하면서도 쉽게 익힐 수 있어 축제 방문객은 누구나 짧은 시간 내에 이를 배워서 따라할 수 있다. 마치 스포츠 경기장에서 주변의 모르는 사람과 함께 어울려 응원을 하듯이 축제 행사장의 분위기에 빠르게 적응하는 것이다.
덴진 마츠리에도 나름대로 일정한 박수 치기 규칙이 있는데 거리의 퍼레이드나 여러 축제 장소 등 사람이 많이 모인 곳에서 이러한 광경을 목격할 수 있다. 특히 후나토교가 행해질 때, 선상제에 동원된 배가 서로 마주치며 지나가면 참가자들의 박수 치기가 활발해지는 것을 볼 수 있다.

덴진 마츠리의 '박수 치기 규칙'

① 다 함께 박수 칩시다 ♩ ♩
② 한 번 더 칩시다 ♩ ♩
③ 축하는 마음으로 세 번 ♪ ♩ ♩

위와 같이 ①~③까지 구호를 외치며 2-2-3으로 전부 7번 박수를 친다.

간교사이가 열리며 신령의 무사귀환을 알리는 의식이 거행된다.

3) 덴진 마츠리의 특징과 시사점

오사카 덴진 마츠리는 949년에 지역의 제례의식에서 출발한 전통축제로 1000년 이상의 오랜 역사와 전통을 가지고 있다. 덴진 마츠리 외에도 현존하는 대부분의 일본의 마츠리는 오랜 세월에 걸쳐 계승되고 잘 보전되어 있다. 단지 축제의 숫자뿐만 아니라 그 종류나 형태의 다양성에서도 우위에 있다.

한국의 축제들은 최근 지방자치제도가 정착됨에 따라 우후죽순처럼 생겨나고 있기는 하지만 짧은 시간 급격한 속도로 발전했기 때문에 분명한 정체성이 확립된 경우가 적다. 또한 행사 프로그램 방식에서도 별다른 차별성 없이 단순히 다른 것을 모방하거나 이유 없이 이것저것 소재를 나열하는 것이 대다수다.

그러나 한국 축제의 역사는 생각보다 그 역사가 짧지 않다. 문헌에 의하면 오래전부터 각 지역별로 크고 작은 지역축제가 많이 산재되어 있었지만 근대화 과정에서 아무런 비판이나 여과 없이 도중에 맥락이 끊겨버리는 경우가 적지 않았다.

이것으로 텐진 마츠리를 통해 한국 축제가 배울 점은 다음과 같다.

첫째, 각 지역의 문화유산과 자원을 재발굴하고 축제 소재로서의 가능성을 살펴본 후 현재에 적용해야 한다. 만약 시대적 상황이 다르기 때문에 그대로 활용하기가 어렵다는 판단이 서면 현대적 감각과 정서에 맞춰 수정·보완하는 방법도 필요하다.

둘째, 야간행사의 개발을 적극적으로 서둘러야 한다. 텐진 마츠리의 하이라이트는 축제 마지막 날, 저녁부터 펼쳐지는 프로그램이다. 주요 이벤트는 '후나토교'인데, 거리의 전통행렬이 끝나고 강에 도착하면 축제의 출발점인 텐만구 신사에서 모신 신령을 미리 준비된 배에 옮겨 싣고, 100여 척의 선단과 함께 선상제를 펼치는 행사이다. 오후 7시부터 시작되는 수상제의 최대 볼거리는 화롯불과 제등으로 화려하게 장식한 배가 강을 가득 메우고 미리 준비된 불꽃을 밤하늘에 쏘아 올리는 광경이며 이는 일대 장관을 이룬다. 또한 도심지의 길가에 장식된 전통 장식등인 '초친'도 오사카의 밤을 화려하게 수놓으며 늦은 시간까지 주위를 밝힌다.

결국 선상제와 하나비를 보기 위해 강가에 운집한 참가자는 오후 늦은 시간까지 주변에서 시간을 보내고, 주최 측의 입장에서 보면 막대한 경제효과와 수익성을 창출한다.

현재 한국의 축제에서 가장 취약한 것 중 하나는 대부분이 주간행사에 머무르고 있어 수익성을 향상시키기 어렵다는 것이다. 일반적으로 체류시간이 길수록 그에 비례해 수익성이 향상되기 때문에 야간행사 프로그램을 새롭게 개발해 부가가치를 높이려는 노력이 필요하다.

셋째, 성공한 축제에서는 주요 행사의 개발과 콘셉트의 차별화가 눈에 띈다. 텐진 마츠리가 유명한 것은 일본을 대표할 정도로 대규모 행사인 데

〈사진 3-7〉 덴진 마츠리

안내 카탈로그

다가 장대함과 화려함이 돋보이기 때문이지만, 방문객의 만족을 극대화시키는 가장 중요한 이유는 역시 차별화된 콘셉트에 있다.

대부분의 일본 마츠리는 전통행렬을 앞세우고 전통 춤과 마차, 수레, 신전 가마 등의 화려함을 선보이고 있지만, 그 밖에 특별한 점을 발견하기란 쉽지 않다. 이에 반해 덴진 마츠리의 콘셉트는 '물과 불의 제전'으로 강가의 배와 불꽃놀이가 서로 조화를 이루며 최대의 볼거리를 제공하며, 이것만으로도 다른 축제와 비교할 때 충분한 경쟁력을 확보하고 있다.

뚜렷한 생각 없이 프로그램을 구성하거나, 차별화나 경쟁력이 부족한 축제를 무의미하게 나열하고 있는 우리에게 덴진 마츠리의 성공적인 사례는 시사하는 바가 크다.

제4장

전통과 현대의 조화

1. 교토 기온 마츠리와 하카타 기온 야마카사 마츠리

기온 마츠리의 본류는 교토이다. 교토의 기온 마츠리는 일본 3대 마츠리의 하나로 기온 마츠리를 대표한다. 이 장에서는 기온 마츠리의 사례로서 그 규모나 내용 면에서 교토에 버금가는 하카타博多 기온 야마카사 마츠리祇園山笠祭를 병행해 소개하기로 한다.

1) 교토 기온 마츠리와 하카타 기온 야마카사 마츠리의 연혁과 특징

기온 마츠리는 야사카 신사八坂神社의 마츠리로 약 1100년의 역사를 자랑한다. 행사는 여름 동안 대규모로 실시되고 있으며 매우 호화롭고 화려하며 수천 년 또는 수백 년의 전통이 있는 야사카 신사의 제례이다.

고대 일본의 수도였던 교토는 고대 일본의 유적 및 문화유산들이 많이 남아 있어 고풍을 느낄 수 있는 대표적인 도시이다. 기온 마츠리는 869년,

일본 각지에 역병이 돌자 이를 퇴치하기 위해 기원했던 어령회御靈會가 그 기원이다. 당시 일본 전국의 나라 수가 66개였던 것을 기념하여 66개의 호코鉾를 세워 기온의 신에 제사를 지내기 위해 신위 가마(미코시)도 제작하고 나쁜 운을 없애려고 제례행사를 거행한 것에서 시작되었다. 도시형의 이 여름 축제는 전 일본제례에 일대 영향을 끼쳐 9세기부터 지금까지 1000년 이상의 역사를 이어오고 있다.

'교토 기온 마츠리'는 매년 7월 1일부터 31일까지 한 달 동안 이어지는데 이 중 하이라이트는 7월 16일에서 17일에 진행된다. 기온 마츠리의 중심은 야마와 호코라고 불리는 전통적인 양식의 대형수레에 의해 진행되는 경연행사이다. 호코에는 천정에 긴 창과 같은 무기를 장식하며 직경 2m 정도의 차륜이 달려 있다. 현재 32기의 수레에는 지역 단위로 보존회가 조직되어 있으며 또한 각 지역에서 기온 마츠리를 운영하며 독자적인 행사나 풍습을 계승하고 있다.

이러한 수레 중 29기는 중요 무형민속문화재로 지정되어 있으며 수레가 화려하게 교토 시내를 행진하는 광경은 매년 수십만 명의 방문객의 시선을 사로잡고 있다. 야마는 천정에 무기 대신에 소나무를 장식하고 있는데 이렇게 수레의 상징인 무기와 소나무는 여러 질병으로부터 자신을 보호하려는 믿음에서 시작되었다. 기온 마츠리의 상징인 야마보코山鉾는 높이가 20m를 넘는 것도 있고 큰 것은 총중량이 12톤이나 될 만큼 크고 무겁다. 이 때문에 수레를 끄는 사람들이 일사분란하게 움직이며 호흡을 맞추지 않으면 제대로 행진할 수 없어, 행사 전부터 꾸준히 연습하며 결속을 다진다. 기온 마츠리는 주민 스스로가 자생적인 조직을 만들어 산 모양의 장식대 위에 창이나 칼을 꽂은 수레를 만들어 거리로 퍼레이드를 한 것이 시작이며, 이는 천년 남짓의 긴 세월에 걸쳐 계승되어왔다. 관이나 다른 기관에 의존하

〈사진 4-1〉 하카타 기온 야마카사 마츠리

시내 경연대회

지 않고 주민 스스로의 조직과 협력에 의해 만들어낸 마츠리이기 때문에 시민의 정신이 반영된 축제의 역사라고도 말할 수 있다.

교토의 기온 마츠리는 16일의 '오이야마宵山'와 그다음 날인 17일 '야마보코 순행山鉾巡行'과 관련된 행사가 가장 유명하다. 오이야마는 초저녁이 되어 어두워지면 장식수레인 '야마보코'가 모두 제등을 하고 그 화려한 모습을 드러내면서 시작된다. 이날 밤에는 집집마다 지나는 길에 양탄자를 깔고 병풍을 예쁘게 장식한다. 야마보코 순행은 거대한 야마보코의 순례로 시작된다. 마츠리에 사용되는 장식용 칼인 장도粧刀를 선두로 야마보코, 다시 등의 전통수레가 화려한 장식과 함께 가락에 맞추어 행진하며 수레 위에서는 축제에 참가하는 어린이가 북을 치면서 춤을 춘다.

다음으로 하카타 기온 야마카사 마츠리는 후쿠오카 시福岡市의 도심을 중심으로 열리는 여름 마츠리이다. 가마쿠라 시대 때 하카타 일대에 전염병이 유행해 그 병을 퇴치하기 위해 기원한 것이 시작이다.

매년 7월 1일부터 15일까지 개최되는 하카타 기온 야마카사 마츠리의 마지막 날에 열리는 오이야마라는 행사는 이 대회의 하이라이트이다. 오이야마는 무거운 야마카사山笠를 끌고 행진하면서 속도를 겨루는 것으로 일종의 경연대회의 형태를 나타낸다. 이때 하카타의 거리는 일본 남성의 웅장함과 묵직함으로 메워지며, 서로 호흡을 맞추고 일사분란하게 야마카사를 짊어지고 달리는 남성들의 힘찬 모습은 일대 장관을 이룬다.

700년 이상의 전통을 지닌 이 축제는 후쿠오카 최대의 마츠리이며 축제에 참가하는 행사 요원들의 힘찬 모습과 활기, 투지 등에 의해 특히 남성미가 강조되는 것으로 유명하다. 시내 중심가의 상점가에는 높이 16m의 호화로운 '야마카사'가 장식되고, 마지막 날에 행해지는 '오이야마'에는 무게 1톤가량의 '가키야마舁き山'를 짊어지고 치열한 경주를 펼치는 퍼레이드가 진행된다.

축제의 개막은 시내 곳곳에서 참가 그룹별로 각기 다른 형태의 호화롭고 독특한 하카타 인형과 장식물로 꾸며진 '가자리야마飾り山'를 일제히 공개하는 것으로 시작된다. 예전에는 약 10톤에 가까운 가자리야마를 등장시켰지만 최근에는 그 축소판인 '가키야마'가 제작되어 눈길을 끌고 있다.

7월 12일에는 실제 코스를 달리는 '오이야마 나라시追山ならし'가 열리며 13일은 시내의 중심가로부터 시청 앞까지 서로 경연하며 행진하는 '슈단야마미세集団山見せ'가 진행된다. 마지막 날에는 축제의 출발점이기도 한 '구시다 신사櫛田神社'에 모여 가키야마를 각 위치에 대기시키고 있다가 큰북소리와 함께 일제히 출발해 목표 지점까지 약 5km의 거리를 거친 함성과 열기 넘친 경주를 하며 대회를 마무리한다.

〈사진 4-2〉 하카타 기온 야마카사 마츠리

가자리야마

2) 기온 마츠리의 성공 요인

교토의 기온 마츠리를 비롯한 하카타 야마카사의 성공 요인을 한마디로 요약한다면 전통적 마츠리의 특성을 지키고 마츠리 본연의 모습에 충실했다는 점이다. 하카타 야마카사도 760여 년 동안 수많은 변모를 거듭했다. 하지만 그 가운데서도 전통적 마츠리가 지니고 있는 특성을 잃지 않았고 수행해야 할 역할과 기능에 충실했다.

전통적 마츠리가 지니고 있는 일반적 특성은 네 가지로 요약할 수 있는데 그 첫째가 신성神聖, 둘째가 일상적인 것으로부터의 탈출, 셋째가 주기성周期性, 넷째가 집단 참여이다. 물론 이러한 특성은 마츠리의 전통 속에서 축적되고 생성되어온 것으로 볼 수 있다. 그러나 이러한 특성을 잘 지키느냐 못 지키느냐는 역시 마츠리를 수행하는 지역민들의 몫이다.

3) 기온 마츠리의 시사점

전통적 마츠리인 기온 마츠리로부터 한국 지역축제의 나아갈 방향에 대해 많은 시사점을 얻을 수 있다.

첫째, 전통적 요소를 기초로 지역사회의 정체성을 확인하는 축제가 되도록 노력해야 한다. 지역축제에서 채택되는 소재는 다양하지만 대체로 그 지역에서 전승되어온 전통적인 요소를 기초로 하고 있다. 이는 그 지역민들의 삶과 의식 속에서 살아 숨 쉬며 긴 역사 속에서 축적된 것들이다.

이러한 전통적 자원을 남에게 보여주기 위한 축제보다는 지역주민 스스로가 참여해 즐기고 체험할 수 있는 축제가 되도록 구상하고 설계하는 것이 바람직하다. 지역민들에게조차 관심의 대상이 될 수 없는 축제, 정체성

없는 축제는 결코 외부인들의 관심 대상이 될 수 없기 때문이다.

이러한 입장에서 볼 때 일본 마츠리가 지니고 있는 정체성의 확인 기능은 한국 축제에 많은 시사점을 던져준다. 대개의 경우 축제는 그 주체 집단이 가장 중심이 되는 행사를 하게 되는데 이때 제일 중요시되는 것은 일치단결된 정신과 힘이다. 가령 가마나 수레로 거리를 누빌 때 그 팀의 리더십에 따라 팀워크가 유감없이 발휘되고 확인된다. 이와 함께 부수 집단이 행하는 각종 예능이나 경기에서 이들 팀 구성원들의 결속과 의사통일은 집단의 정체성을 확립하는 매개로 작용하고 있다.

둘째, 일상으로부터 벗어날 수 있는 축제, 사람들을 열광시킬 수 있는 속성을 지닌 축제를 만들어야 한다. 일본의 마츠리나 서구의 카니발에서 사람들을 열광시키는 가장 큰 원동력은 '비일상성'이다.

사람들을 열광시킬 수 있는 축제가 되려면 평소에 '하지 않는 것', '해서는 안 되는 것', '할 수 없었던 것'이 무엇인지 찾아볼 필요가 있다. 사람들은 금지된 것을 하고 싶어 한다. 축제는 내게 금지된 것 바로 그 자체이기 때문이다. 일상으로부터 해방되었을 때 생기는 희열감에 모두 열광적으로 도취되는 유명 카니발이나 마츠리를 조금만 주의 깊게 살펴본다면 다소 과장된 듯한 이 주장에 크게 공감할 수 있을 것이다. 확실히 한국의 지역축제에서는 비일상성을 즐길 수 있는 속성이 부족하다. 따라서 지역민들의 관심에서도 멀어지고 있는 축제가 대부분이다.

물론 한국에서도 비일상성의 속성을 잘 살려나갈 수 있는 여지가 보이는 지역축제가 없는 것은 아니다. 바닷가 갯벌 속에 온몸을 던져 새로운 경험을 즐길 수 있는 충남 보령의 대천해수욕장에서 벌어지는 보령 머드 축제, 도시에서 볼 수 없는 야생의 반딧불이를 찾아 떠나는 무주의 반딧불 축제, 탈이 지닌 익명성을 빌려 탈을 쓰고 일탈逸脫을 즐길 수 있는 안동 국제탈춤

페스티벌 등을 그 예로 들 수 있을 것이다. 비일상성의 속성을 통해 참가자들을 열광시킬 수 있는 한편, 그 축제만의 정체성을 맛볼 수 있는 축제, 그러한 축제만이 지역축제로 성공할 수 있다.

셋째, 지역민들이 주체적이고 직접적으로 참여하는 중심적 연행과 이를 수행할 수 있는 각급 단위 지역민 조직 활성화와 기량의 연마가 필요하다.

하카타 야마카사의 경우 7개 팀이 각각 약 1톤 무게의 가마를 26명이 매고 5km 거리를 빨리 달리는 초대형 경연이 중심적 연행이다. 야마카사를 메고 달리는 이들은 물론, 이를 뒤쫓고 물을 끼얹고 목이 터져라 응원하면서 마츠리에 깊이 몰입하는 축제 현장 주변 참가자들의 열정적인 모습을 보기 위해 국내외에서 수많은 관광객들이 몰려드는 것이다.

그러나 한국 대부분의 지역축제 현장에서 느끼는 가장 큰 문제점은 지역민의 무관심과 주변적 연행의 산만한 나열이라고 할 수 있다. 이는 다수의 지역민들을 끌어안을 수 있는 중심적 연행이 없기 때문이다. 지역민들의 주체적이고 직접적인 참여가 보장되지 않는 축제는 필연적으로 관중을 소외시킬 수밖에 없고 축제 본연의 폭발적 해방감을 확보할 수 없다. 따라서 지역민들이 주체적으로 참여해 집단적으로 신명을 풀어낼 수 있는 중심적 연행이 개발되어야 한다. 이런 맥락에서 축제는 일정 단위의 지역민들이 집단적으로 참여해 겨루는 초대형 경연이 이루어져 이를 통해 지역성과 축제성을 확보해야 한다.

축제 자체의 경쟁력은 다른 무엇보다도 중심적 연행을 원천으로 한다. 세계적으로 보았을 때 가장 성공적인 축제라고 할 수 있는 브라질의 리우 카니발, 일본 삿포로의 요사코이 축제 등은 모두 다수의 지역민들이 '삼바'와 '요사코이'라는 중심적 연행을 주체적이고 직접적으로 참여하는 초대형의 경연 방식으로 활성화함으로써 국제적인 축제로 성장할 수 있었다.

2001년 리우 카니발의 경우 삼바 경연에만 10만여 명이 참가했고 스트리트 카니발과 카니발 보울, 오프 카니발까지 합치면 무려 100만 명 정도의 지역민이 주체적으로 축제에 참여하고 있다. 한편 삿포로에서 열린 2001년 요사코이 축제의 경우, 375개 팀 3만 8000명이 경연에 참가했으며 5일 동안 총 182만 5000명이 참가했다.

이들 축제가 제시하는 프로그램의 내용은 매우 단순하다. 리우 카니발은 삼바댄스, 요사코이 축제는 요사코이 춤이 전부이다. 잡다한 주변적 연행의 나열도 없고 외국 팀의 공연도 없다. 지역민들이 적게는 백여 명에서 많게는 수천 명에 이르는 인원으로 한 팀을 꾸려 열광적으로 경연을 벌이거나 자족하는 것이 전부이다. 관광객들은 지역민들이 열광적으로 축제에 몰입하는 것을 보고 즐기기 위해 축제장을 찾아온다.

현재 한국 대부분의 지역축제 중에서 지역민 다수가 수십 개의 단위 집단을 이루어 직접 참여하는 초대형의 경연을 중심적 연행으로 설정한 사례는 찾아보기 어렵다. 그렇기 때문에 대부분의 지역축제는 필연적으로 지역민들을 구경꾼으로 전락시켰고 도대체 축제가 지역민의 삶에 기여하는 것이 무엇인가 하는 냉소적인 물음에 쉽게 할 말을 찾지 못하곤 했다.

이러한 입장에서 보았을 때 일본 기온 마츠리는 우리에게 많은 점을 시사해주고 있다. 비록 전통적인 축제라 하더라도 지역민들이 주체적으로 벌이는 대형 경연을 중심적 연행으로 삼은 이 축제는 지역민들에게 이 지역에서 살아가는 맛을 체험하게 함으로써 축제의 본래적 기능을 수행할 뿐 아니라 수많은 내외 관광객들을 끌어모음으로써 지역경제적 기능도 충분히 수행하고 있다.[7]

---

7 김춘식·남치호, 『세계 축제경영』(김영사, 2005), 141~230쪽 참조.

제5장

현대 마츠리의 사례

1. 눈의 예술과 제전: 홋카이도 삿포로 눈축제

1) 행사 내역과 개요

삿포로는 홋카이도北海道의 중심 도시로 일본 내에서 다섯 번째로 큰 도시이다. 일본의 북단에 위치하는 홋카이도는 반년 동안 폭설과 추위가 지속되는 지역으로 겨울철이면 곳곳에서 눈과 얼음의 축제가 펼쳐지고 있다. 삿포로는 아시아에서는 처음으로 1972년 동계올림픽이 개최되었고, 1990년 동계아시안게임이 개최되는 등 겨울철 스포츠로 유명한 곳이다. 홋카이도의 도청이 있는 삿포로의 눈축제(유키마츠리雪まつり)는 홋카이도 최대 축제이며 일본을 대표하는 축제 중 하나이다.

삿포로 눈축제는 브라질의 '리우 카니발', 독일 뮌헨의 '옥토버페스트'와 함께 세계 3대 축제에 속한다. 1950년부터 열리기 시작한 이 축제는 제2차 세계대전에서 패전한 아픔을 극복하고 일어선 삿포로 시민들을 위로하고

〈사진 5-1〉 삿포로 눈축제

개회식

춥고 긴 겨울을 즐겁게 보내자는 의도로 개최되었으며 1950년 제1회 행사를 개최한 이후 매년 2월 초에 1주일 동안 열리고 있다.

눈축제의 개최 기간은 1주일 정도이며 주로 삿포로 시내의 오도리 공원 大通公園, 스스키노すすきの, 마코마나이真駒内, 나카지마中島 등 4곳에서 개최되었으며 2006년부터는 사토랜드가 새로운 축제장소로 추가되었다.

해마다 2월 5일부터 11일까지 일주일간 열리는 이 축제에는 5톤 트럭으로 약 7000대 분량의 눈이 동원되며 전 세계에서 200만 명이 넘는 관광객이 몰려들어, 시내의 숙소는 물론이고 거리도 온통 눈과 축제 참가자들의 물결이 된다. 삿포로 역을 가로질러 동서로 155m나 곱게 뻗은 오도리 공원

〈사진 5-2〉 삿포로 눈축제

설상 제작 모습

을 중심으로 펼쳐지는 이 세계적인 겨울 축제에는 시민들이 직접 손으로 만든 눈 조각 작품을 전시하기도 하고 세계 각국에서 모인 참가 팀이 '국제 설상雪像 콘테스트'에서 경쟁하기도 한다.

삿포로 눈축제의 하이라이트는 오도리 공원에서 열리는 눈과 얼음의 조각 전시회라 할 수 있는데 세계적으로 이름난 건축물을 비롯해 동화 속 주인공들의 모형이 길이 1.5km, 최대 넓이 105m^{2}의 공원 곳곳에 전시된다. 또 세계 곳곳에서 모여든 눈, 얼음 조각가들이 제작한 300여 개의 크고 작은 설상이 방문객들의 눈길을 끈다. 그 밖에 음악회, 패션쇼, 레이저 쇼를 비롯해 국제 설상 경연대회, 눈의 여왕 선발대회 등 각종 행사를 진행한다.

전시 작품 중 가장 규모가 큰 '대설상大雪像' 하나의 크기는 대략 높이 15m, 넓이 $25m^2$, 길이가 20m나 되는데 눈축제 기간 중 사용되는 눈은 5톤 트럭으로 약 7700대분에 이르는 엄청난 양이다. 홋카이도에 주둔하는 육상 자위대가 축제의 눈 수송을 담당하며 여러 사회단체에서도 분담해 축제를 후원한다.

대형 눈 조각 하나를 제작하려면 적어도 3개월 이상의 시간과 많은 노력이 소요된다. 2월 눈축제를 위해 전년 12월 이전에 기획과 자료 수집이 끝나야 하며 이후 눈 조각상 설계 및 실물 제작이 이루어진다. 한 개 제작에 보통 5톤 트럭으로 500대분의 눈이 필요하다. 1, 2월의 삿포로는 눈이 많이 내려 도시는 온통 순백색이 된다. 밤이 되면 조명등照明燈을 이용한 다양한 행사가 펼쳐져 도시 전체는 더욱 환상적인 세계가 된다. 특히 삿포로 플라자 광장은 반짝이는 수많은 전등불과 붐비는 인파로 불야성을 이룬다.

대·중·소 약 170개의 설상이 거리를 장식하고 밤의 장막 속에서 푸른색과 오렌지색의 조명에 의해 성城과 인기 만화 주인공 등의 설상이 아련히 떠올라 환상적이고 로맨틱한 분위기가 된다. 다수의 노점들이 늘어서 멋을 더한다.

그 외에도 눈으로 만든 미끄럼틀이 있는 마코마나이真駒内 대회장과 시민들에 의해서 만들어진 설상을 볼 수 있는 나카지마 공원 등 각 대회장마다 개성을 부여한 것이 특징이다.

이렇듯 삿포로 눈축제는 화려한 눈의 제전이 펼쳐지며 이 축제를 보기 위해 해마다 세계 각지에서 관광객들이 몰려들고 있다.

2) 삿포로 눈축제 주요 행사 내용

오도리 공원과 스스키노 상점가, 그리고 사토랜드를 중심으로 338개의 눈과 얼음의 조각 전시품이 진열된다. 웅장한 느낌의 눈 조각의 대설상과 얼음으로 만든 대규모의 빙상이 어우러져 오도리 공원을 장식하고 스스키노 전시장은 얼음으로 환상적인 분위기가 연출된다. 또한 사토랜드에서는 눈을 소재로 한 다양한 체험행사와 콘서트 등의 이벤트도 열린다.

- **오도리 전시장**

  설상은 대·중·소 200여 개와 크고 작은 빙상도 10여 개 정도로 구성되는데, 특히 대규모의 설상 5개는 높이가 15m나 된다. 전시는 수년간에 걸친 자위대의 기술력과 삿포로 시민의 노력에 의해 탄생한 하얀 눈으로 만들어진 예술작품으로 이루어진다.

  시민이 직접 참가해 제작한 소규모의 설상도 100여 개가 되는데 2005년에는 한류스타 배용준을 그대로 재현한 설상이 폭발적인 인기를 끌기도 했다. 국제 설상 콘테스트는 세계 각지에서 여러 참가 팀이 참가해 경쟁하며 해마다 언론의 관심을 모으고 있다. 또한 해가 저물어 저녁이 되면 야간조명과 어우러진 눈의 조각 작품이 낮과는 또 다른 환상적인 분위기를 연출하며 축제를 한층 더 빛낸다.

- **스스키노 상점가**

  다양한 모양의 빙상氷像 100여 개와 홋카이도의 유명한 산물인 바닷게와 연어 등이 얼음 조각 안에 장식되어 스스키노 상점 거리에 두 줄로 전시되며 '얼음 여왕과의 촬영 행사', 축제 참가자가 직접 선정하는 '빙상 작품 콘테스트' 등 여러 종류의 이벤트가 열리고 있다.

〈사진 5-3〉 삿포로 눈축제

야경

• **사토랜드 거리**

사토랜드 거리의 설상은 다른 전시 장소와는 달리 상점가 관계자나 고등학생, 일반 시민과 같이 순전히 아마추어에 의해 만들어진 작품으로 구성된다.

작은 크기의 설상이 45개 전시되고 있으며 어린이와 어른이 함께 행사에 참가해 체험하며 즐거운 시간을 보낼 수 있도록 특색 있는 프로그램이 준비되어 있다. 예를 들면 눈 미끄럼틀과 눈으로 제작된 미로 게임, 눈사람 만들기 등과 같은 눈을 소재로 한 다양한 체험행사가 있다.

3) 삿포로 눈축제의 특징과 전망

홋카이도의 도청이 위치한 삿포로의 눈축제는 1950년부터 시작되었다. 비교적 짧은 기간임에도 불구하고 일본을 대표하는 축제로 발전하게 된 계기와 세계 3대 축제로 성장하게 된 배경을 논의·분석하는 것은 매우 의미가 깊다.

본래 이 축제는 일 년에 반 정도는 눈으로 덮인 춥고 긴 겨울을 즐겁게 보내려는 삿포로 시민들의 의도로 개최되었다. 1950년 제1회 행사에서는 주변 학교를 중심으로 설상 6개의 소규모로 시작되었지만 현재는 300~400여 개의 설상과 빙상이 전시되어 일주일이라는 행사 기간 무려 200만 명 이상의 방문객이 참가하는 일본 최대의 축제로 발전했다.

삿포로 눈축제의 특징은 다음과 같이 크게 네 가지로 설명할 수 있다.

첫째, 이벤트 테마의 역발상이다. 홋카이도의 전 지역은 일본에서 눈이 가장 많이 오는 지역으로 유명하다. 어디에서나 볼 수 있고 생활에 많은 불편을 주는 눈을 오히려 긍정적으로 받아들여 즐기려는 발상의 전환이 매우 돋보인다. "피할 수 없으면 즐겨라"라는 말이 있듯이 이를 생활 속에 실천하면서 세계적인 축제로까지 발전시켜 경제적인 이익을 얻어내는 그들의 지혜가 돋보인다.

둘째, 프로그램의 단순화이다. 삿포로 눈축제에 참여해본 사람이라면, 생각 외로 단순한 프로그램 내용에 놀랄 것이다. 모든 행사는 축제 콘셉트이기도 한 '눈과 얼음'에 한정되어 있고 비록 단순한 주제이지만 모두가 참여하고 이벤트를 공유할 수 있도록 고려되어 있다. 전 세계적으로 유명한 축제 사례를 검토하면 한결같이 그들이 의도하는 메인 프로그램을 중심으로 몇 개의 보조 프로그램이 조화롭게 연동되어 있음을 확인할 수 있는데 삿포로 눈축제 또한 그런 면에서 예외가 아니다.

이는 한꺼번에 너무 많은 것을 보여주려 한다거나 콘셉트 없이 프로그램의 가지 수에 연연해 백화점식 나열을 반복하고 있는 한국 축제의 현실에 적지 않은 교훈이 될 수 있다.

셋째, 홍보의 중요성 인식이다. 삿포로는 1972년 동계올림픽이 개최되고 1990년 동계아시안게임이 개최되었던 장소로 잘 알려져 있다. 1950년 시작 당시에는 단순히 삿포로 시민들만이 즐기려는 축제로 출발했지만 짧은 기간에 대형축제로 발전한 원동력은 역시 홍보의 힘이다. 삿포로에서 열린 두 차례의 올림픽, 스포츠대회를 이용해 이를 전 세계에 눈축제를 잘 알릴 수 있는 계기로 활용했고 이후 빠른 성장을 계속할 수 있었다.

넷째, 철저한 경영 마인드 도입이다. 오도리 공원 안에만 십여 군데의 캐릭터 숍과 기념품 판매소가 임시로 설치되어 다채로운 관광 상품을 판매하고 있고 전시장 주변에는 와이드칼라, 현수막, 사인 탑 등과 같이 수백 개의 옥외광고를 적극적으로 유치해 수입원을 확보했다.

특히 대회 기념우표를 발행해 프리미엄을 통한 현장 즉시 판매 방법을 도입했으며, 방문객에게 나누어주는 안내 카탈로그 안에 군데군데 수많은 협찬광고를 활용해 안정적인 수입원을 확보함으로써 경제성과 안정적인 대회의 발전이 무관하지 않음을 보여주었다.

다섯째, 충실한 서비스마케팅이다. 대회장소의 정돈된 느낌과 청결함은 물론 안내원과 캐릭터 숍 판매원들의 적극적인 자세, 밝은 표정, 친절한 태도에 관광객은 좋은 인상을 받는다. 이는 삿포로 시민들의 자발적인 참여의식의 소산이라고 할 수 있겠지만 매뉴얼에 의한 사전 교육으로 축적된 그들만의 노하우라고 할 수 있다.

또한 대회장 곳곳에는 임시 휴게소를 설치해 따뜻한 차와 음료를 무료로 나누어주고 '클린 데이Clean Day'를 선포해 쓰레기를 함부로 버리지 못하게 유도하도록 하는 행정적인 뒷받침이 조화를 잘 이루고 있다. 이 때문에 1주일간의 대회 기간 무려 약 200만 명이 참가하는 대형 축제임에도 불구하고 별 다른 문제없이 진행된다.

2. 견우와 직녀의 만남을 밝히는 등축제의 원형: 센다이 다나바타 마츠리

1) 일본 마츠리와 다나바타 마츠리

일본의 전통축제인 마츠리에서는 지역민들의 적극적인 참가 모습과 경연을 통해서 온 공동체가 축제를 만끽하는 모습을 발견할 수 있다. 이것은 지방자치단체를 비롯한 관 주도로 일방적인 축제가 진행되는 우리에게 많은 시사점을 준다. 왜냐하면 지역주민이 하나가 되어 축제에 참가하고 이끌어나가는 자세야말로 가장 경쟁력 있는 축제의 본질이기 때문이다.

마츠리를 보는 사람과 참여하는 사람들의 즐거움을 한마디로 표현한다면 그것은 역시 '현장에서 느낄 수 있는 독특한 분위기'이다. 마츠리가 진행되는 공간은 항상 신바람으로 넘치며 참가자를 매료시킨다. 마츠리는 제례의식이 중심이 되는데 신을 기리는 행사, 특히 신위 가마를 이거나 수레를 끌고 있는 사람들을 바라보며 느끼는 흥분은 단순한 동작과 의식 속에서도 충분한 감동을 얻을 수 있음을 보여준다.

일본 전통축제인 마츠리의 유형은 크게 두 가지가 있다. 하나는 간다 마츠리나 산자 마츠리, 기온 마츠리 등에서 볼 수 있는 것처럼 큰 가마(미코

〈사진 5-4〉 다나바타 마츠리

장식등

시)를 둘러메거나 수레(다시)를 연출도구나 소품으로 활용해 프로그램을 구성하는 마츠리 형태이다. 또 하나는 요사코이 축제나 아와오도리처럼 축제에 일본 전통 춤을 주요 프로그램으로 등장시켜 관객의 흥을 돋우거나 퍼레이드를 전개하여 볼거리를 제공하는 방식이다.

그러나 다나바타 마츠리七夕祭(칠석 축제)는 일반적인 축제와는 조금 다른 형태를 취하고 있다. 가마나 수레도 등장하지 않으며 일본 전통 춤도 프로그램의 중심으로 구성되지 않는다. 칠월칠석 고전을 통해 잘 알고 있는 견우와 직녀의 만남을 기원하고 축하하려는 의식과 행사가 축제의 중심이 되며 이를 위해 화려하게 꾸민 등 모양의 화려한 장식물이 등장한다.

1928년 8월에 열렸던 동북산업박람회의 주요 행사의 하나로 개최된 것이 현재의 센다이 다나바타 마츠리의 원형이다. 특히 1946년 8월 개최된 다나바타 마츠리는 전후 패전의 아픔을 딛고 부흥을 알리는 시발점으로서 이 지역 사람들에게 많은 희망을 주었다.

과거 다나바타 마츠리는 소박하고 온화한 민속행사가 주가 되었으며 추석을 앞두고 조상과 농경의 신을 염원하는 행사의 성격을 띠기도 했다. 그것이 전승되어 각 시대별로 변화된 모습과 시대상이 가미되면서 현재는 일본을 대표하는 축제로 발전했다.

8월 초가 되면 역 주변이나 중심가를 시작으로 3000개가 넘는 등 모양의 대나무 장식이 센다이를 화려하게 꾸민다. 이 장식을 보기 위해 일본 전역에서 매년 200만 명이 넘는 관광객이 센다이를 찾아온다.

센다이 다나바타 마츠리는 센다이의 한여름 밤을 밝히는 일본 도호쿠東北 지방을 대표하는 이벤트이다. '아오모리青森의 네부타 마츠리ねぶた祭り', '아키타秋田의 간토 마츠리竿灯祭り'와 함께 '도호쿠 지방의 3대 마츠리' 중 하나이다.

축제가 열리는 센다이 시는 일본 미야기 현宮城県에 속하며 약 100만 명의 인구가 거주하는 도시로 광주광역시와 2002년 4월부터 자매도시가 되었다. 17세기 초 이래 지방 대영주의 성읍으로 지속적인 발전을 유지해 오늘날 도호쿠 지방 최대의 도시가 되었다.

다나바타 마츠리의 역사는 매우 깊은데 본래 풍작을 기원하거나 지역경제의 번성 등을 기원하기 위해 시작된 서민들의 조그만 행사였다. 이러한 민속행사가 대규모의 방문객을 유치하며 그 지역을 대표하는 '홀마크 이벤트hallmark event'로 자리 잡은 것은 제2차 세계대전 이후부터이다.

현재는 불꽃놀이 대회와 '호시노요이 마츠리星の宵祭り' 등의 메인 프로그

램을 중심으로 다양한 프로그램이 전개되고 있으며, 행사는 8월 6일부터 8일까지 3일간 진행된다. 축제 기간 상가나 거리에는 크고 화려한 다나바타 장식이 눈길을 끌며 일본 각지에서 온 방문객들로 거리를 가득 메운다.

센다이 다나바타의 호시노요이 마츠리는 1928년을 시발점으로 할 때, 2016년을 기준으로 88회를 맞고 있다. 하지만 과거로 거슬러 올라가 1629년의 관련 기록에서도 다나바타 마츠리에 대한 이야기가 나오고 있는 것을 보면, 센다이 다나바타 마츠리는 약 400년이나 되는 긴 역사를 가지고 있다는 것을 알 수 있다.

2) 다나바타 마츠리의 기원과 발전 과정

다나바타 마츠리는 중국에서 그 기원을 찾을 수 있으며 한국의 칠월칠석과도 비슷하다. 다나바타는 칠석을 일본어로 발음한 것이다. 견우와 직녀가 만나는 음력 7월 7일을 기념해 그 시기에 축제 행사를 연다. 해마다 음력 7월 7일을 양력으로 환산하면 조금씩 일정에 차이가 생기는데, 이렇게 매년 음력을 기준으로 해당되는 양력에 맞추어 행사를 개최하는 것에 문제가 있어 현재는 8월 6일을 기준으로 8일까지 3일간 행사를 고정시키고 있다.

음력 7월 7일경은 벼가 개화기에 들어가면서 풍수해나 병충해에 걸리기 쉬운 시기이다. 과거에는 가을의 풍작을 소망하며 신에게 기원하는 의식과 행위가 매우 중요한 의미를 가졌다. 풍작을 주관하는 논과 밭의 신은 자연과 일기 변화를 다스린다고 믿었다. 따라서 7일 이른 아침부터 사람들은 시냇물에 몸을 씻고 심신을 깨끗이 하고 신을 기리고 모시는 행사를 했다. 이것이 농경문화와 함께 시작한 다나바타의 기원이라 할 수 있다.

축제가 시작되는 7월 7일이 되면 간토, 도호쿠 지역 일대를 중심으로 저녁 무렵 대나무로 화려하게 장식한 견우와 직녀를 표상으로 해서 학습과 수예 등이 향상되기를 기리는 의식이 진행되며, 농가에서도 함께 풍작을 기원한다. 그러나 메이지 시대로 접어들면서 1873년에 양력 채용이 사회적으로 정착되자 본래의 의미가 퇴색되고 다나바타 마츠리는 거의 개최되지 않게 되었다.

제1차 세계대전 후, 경제적인 불황이 닥쳐 축제에 대한 관심은 점점 더 사라지는 경향을 보였다. 쇼와로 시대가 전환되면서 오랫동안 침체된 경기를 타파하기 위해 1927년, 상가를 구성하고 있는 여러 상가연합회의 대표들이 서로 마음을 모아 화려한 다나바타 장식을 부활시켰다. 오랜만에 이 소식을 접한 지역 사람은 물론 타지방에서 온 방문객들도 과거에 소문난 장식물을 보기 위해 모였고, 행사가 열리는 주변 거리는 사람들로 넘쳐나기 시작했다.

쇼와 3년(1928년)에 이르자 본래 음력행사로 진행했던 것을 새로 양력에 맞추어 개최하게 된다. 민속학적 의미에서 중력中暦으로 불리는 8월 6일, 7일, 8일의 3일에 거쳐서 개최되기 시작했고, '동북산업박람회의 서브행사'로서 진행된 것을 계기로 더욱 발전하게 되었다.

산업박람회 기간 중에는 센다이 상공회의소와 센다이 협찬회는 센다이시에서 개최하는 다나바타 마츠리를 더욱 화려하고 다른 곳과 차별 있게 치르고자 했다. 그리고 '장식 콩쿠르'라는 축제 행사를 더욱 돋보이게 하기 위해 '등 모양의 장식물 콘테스트 대회'를 공동개최 방식으로 개최하게 되었다.

콘테스트가 처음 실시된 당시에는 11곳의 상가가 참가했으며 이를 기점으로 여러 모양과 형태를 담은 등 모양의 다나바타 장식으로 거리는 독특한 축제 분위기가 연출되었다. 장식물들이 낮은 물론 밤을 수놓듯 밝혔고 수많은 방문객 때문에 통행 정리가 뒤따랐으며 일부 지역에는 시간에 따라 교통 제한이 생겨날 만큼 혼잡했다. 1928년은 센다이 다나바타 마츠리의 완전한 부활을 기념할 만한 해였다.

그러나 다시 발발한 제2차 세계대전으로 다나바타 마츠리는 다시 자취를 감추게 되었다. 특히 전쟁이 한창 진행 중인 1943년, 1944년에는 몇 개의 장식만이 겨우 상점가에 진열되어 간신히 명맥을 유지하는 데 그쳤다.

(1) 전후 부활한 센다이 다나바타 마츠리

종전終戰 다음 해인 1946년이 되자 또다시 센다이 시에 다나바타 마츠리가 부활하면서 과거 축제의 메인 프로그램으로 자리 잡았던 콘테스트에 출품하는 52개의 대나무 장식물들이 행사장 주변에 세워졌다. 당시 재개된 축제에 대한 사람들의 기대감과 환영의 마음이 반영되어 신문에 "10년 만에 부활한 다나바타 마츠리, 꼭 다시 만나리라 기대하고 있었습니다"라는 제목으로 보도될 정도였다.

1947년 이후부터 본래의 상점가 진흥을 위한 목적에서 출발한 다나바타는 더욱 많은 기대를 충족시키기 위해 부가가치가 높은 문화 이벤트로서 변모하기 시작했다. 현재는 대나무 장식뿐만 아니라 저녁에 실시되는 다나바타 퍼레이드도 높은 인기를 모으고 있으며 명실상부하게 일본을 대표하는 대형 이벤트 중 하나가 되었다.

퍼레이드에는 상가연합회는 물론 지역 연고를 가진 학교, 기업, 그리고 가까운 곳에 주둔하는 자위대등의 참가단체에서 선보이는 각종 행사와 함께 전통과 현대적인 감각을 가미한 퓨전댄스 등 다양한 프로그램을 전개해서 다른 전통축제와는 다른 분위기를 연출한다. 처음에는 지역주민에 한정되었던 것이 매년 전국에서 평균 200만 명 이상의 방문객들이 참가하는 도호쿠 지역 최대의 이벤트로 발전했다.

한편, 현재 중요한 다나바타 장식물의 하나인 '구스다마くす玉(둥그렇게 만든 장식물)'는 '이치반가一番街'라는 지역 상점가의 한 상인이 고안했는데 그는 마츠리가 아직 제대로 성장하지 못한 1946년의 어느 날 우연히 정원에 핀 '달리아Dahlia' 꽃을 보고 다나바타 장식에 활용할 생각이 떠올랐다고 한다. 그렇게 해서 오늘날 방문객의 시선을 사로잡는 다나바타 마츠리의 상징물인 둥그런 장식이 탄생했으며 이후 다나바타 장식의 주류로 등장하게 된다.

(2) 다나바타 마츠리의 장식

다나바타 마츠리의 장식의 특징은 전통 화지和紙와 대나무를 이용해 독특한 모양으로 장식한 점이다. 축제가 개최되기 바로 전날인 8월 4일, 아침 일찍 각 상점가에서는 길이 10m 이상의 커다란 대나무를 산에서 가져와 작은 가지는 잘라내고 장식에 사용될 수 있는 것을 골라 축제에 참가할 준비를 한다.

특히 콘테스트에 참가할 장식물은 각 상점별로 수개월 전부터 하나하나 정성 들여 수작업으로 준비하며 하나의 가격은 약 수십만 엔에서 수백만 엔까지 나가는 것도 있다. 대회에서 선보일 장식물의 모습은 축제 당일까지 외부로 알려지는 것이 금지되며 다나바타가 시작되는 8월 6일 오전 8시에 비로소 일반인에게 공개되어 그 화려함을 뽐낸다. 각각의 출품한 장식물들은 개별적인 심사가 이루어지며 대회 첫날인 8월 6일 오후에 금·은·동을 비롯한 각 상을 발표하게 된다.

어느 이벤트와 마찬가지로 축제 기간 가장 문제가 되는 것은 날씨이다. 한여름에 열리는 다나바타 마츠리 또한 최대의 적은 이 시기에 내릴 가능성이 큰 비인데 우천 시에 대비해 사전에 가능한 철저하게 준비한다.

다양한 날씨 마케팅을 전개하고 있지만 가장 기본적인 방법으로 각 상점에서는 장식물이 비에 젖지 않도록 비닐봉투나 방수커버를 이용한다. 또 행사 기간에는 밤새 비가 올 것을 대비해 상점이 문을 닫을 때 반드시 비닐덮개를 씌운다. 그뿐만 아니라 취객이나 어린이가 지나다니다 잡아당겨서 훼손되지 않도록 아침이 될 때까지는 평소보다 조금 더 높은 위치에 장식물을 올려서 통행인의 손이 잘 닿지 않도록 한다.

오늘날 다나바타 마츠리에서 가장 방문객의 시선을 집중시키는 것은 무엇보다도 일곱 가지 모양과 패턴으로 구분되는 조그만 크기의 장식물이다. 무병장수, 재복 등 여러 의미를 나타내는 일곱 가지 형태의 장식물을 다나바타 행사장 주위에 장식하게 되는데 일곱 가지 종류별로 가지고 있는 의미는 서로 다르다.

① **단자쿠**(短冊)

벼루와 먹을 상징하며, 학문이나 학업 능력 등의 향상을 기원한다.

② **가미고로모**(紙衣)

직녀가 짜서 신에게 바쳤다고 하는 전설의 옷으로 장식물의 가장 위에 달아놓는 관습이 있다. 옛날에는 어머니와 전수자를 통해 계승되었으며 재단이나 봉재 기술이 향상되도록 기원하면서 만들었다.

③ **오리즈루**(折鶴)

집안에서 가장 나이가 많은 사람의 나이 수만큼 접어서 무병장수를 기원한다.

④ **긴차쿠**(巾着)

긴차쿠는 황금을 담아서 허리에 차던 것이며 부귀를 기원한다. 한국

〈사진 5-5〉 다나바타 마츠리

일곱 가지 장식: ① 단자쿠, ② 가미고로모, ③ 오리즈루, ④ 긴차쿠, ⑤ 도아미, ⑥ 구즈카고, ⑦ 후키나가시

의 복주머니처럼 생겼으며 끝을 꽉 조여 매주는 것으로 낭비하지 않고 절약과 저축을 중시하는 마음을 상징한다.

⑤ **도아미**(投網)

예전부터 센다이의 인근에서 잡히는 다양한 종류의 생선은 특히 농사가 잘 안되었을 때 귀중한 식량의 하나로 간주되었다. 이것은 센다이 근해의 풍어를 기원하는 장식물이다.

⑥ **구즈카고**(屑籠)

축제에 선보일 장식물을 다 만든 후, 나머지 종잇조각을 주워 모아 바구니 안에 담는다. 이는 장식물을 만드는 데도 물건을 아무렇게나 버리지 않고 청결과 검약을 중요시하는 마음을 상징한다.

⑦ **후키나가시**(吹き流し)

직녀가 베를 짤 때 사용했다고 하는 실을 상징하며 장식물의 주역을 담당한다.

(3) 마츠리 세부 일정과 행사 내역

다나바타 마츠리의 하루 전날인 8월 5일에는 전야제가 열리며 화려한 불꽃놀이로 축제의 시작을 알린다. 센다이의 히로세 강広瀬川을 중심으로 밤하늘을 장식하는 불꽃놀이에는 약 1만 발의 불꽃화약이 동원되어 화려하고 다이나믹한 모양의 그림을 수놓으며 일 년에 한 번뿐인 축제의 개막 분위기를 연출한다.

8월 6일부터 8월 8일까지 오후 5시부터 7시 30분까지 시청 앞 거리에서 펼쳐지는 '호시노 요이 마츠리'에서는 다나바타의 초저녁을 밝히면서 축제의 메인 거리를 하늘의 강으로 형상화하고, 일 년에 한 번 있는 견우와 직녀의 재회를 화려하게 축복하는 의미를 담는다. 거리의 행사장마다 여러

〈사진 5-6〉 다나바타 마츠리

축제 방문객을 위한 순환버스 '루푸루 센다이'

별의 이름이 붙여져 차별화를 꾀하며 각 무대에서는 시민 참가단체와 자위대에 의해 다채로운 퍼포먼스가 펼쳐진다.

대부분의 방문객은 마츠리 첫날, 거리에 수놓은 다나바타 장식물과 저녁 시청 앞 거리에서 진행되는 다채로운 퍼포먼스를 보는 것으로 하루를 보내고 다음날에는 축제 행사와 더불어 보통 주변 지역의 잘 알려진 관광명소를 들르는 것으로 하루를 시작한다. 다른 지역에서 방문한 사람이 이 지역을 온 김에 빼놓을 수 없는 것이 센다이의 관광이다.

센다이를 방문한 방문객을 위해 센다이 시에서는 '루푸루 센다이 る一ぷる仙台'라는 순회 관광버스를 독특하게 디자인해 준비해놓고 있다. 이 순회버스는 축제의 주요 행사장 및 관광지를 순회하고 있는데 축제 기간에는 배차 간격을 더욱 좁혀서 불편을 줄이며 많은 관광객들을 실어 나른다. 이벤

트의 수익성을 높이려면 체류시간을 늘리고 이를 위해 연계관광이 가능하도록 다양한 수단을 동원해야 하는데 다나바타 마츠리에는 이것이 잘 실행되고 있다.

이 버스의 정류장은 모두 11곳으로 센다이역 앞에서부터 즈이호덴瑞鳳殿, 박물관, 센다이 성터, 미디어 센터 등을 순회한다. 특히 즈이호덴에서는 센다이 마츠리 기간 밤의 축제 프로그램을 위해 기획된 '빛의 축제'가 열려 저녁 9시까지 관람할 수 있도록 평소보다 늦은 시간까지 운행된다. 빛의 축제에는 거리를 밝히는 장식물과 함께 각종 콘서트 이벤트 등이 개최되어 축제 분위기를 한층 높여주고 있다.

이와 같은 연계관광에 대한 착실한 준비 자세는 방문객이 다나바타 마츠리만 참가하고 그냥 되돌아가는 것을 막아 체류시간을 연장시키고 많은 수익성을 확보할 수 있도록 하는 데 도움을 주고 있다.

3) 다나바타 마츠리에서 배울 점[1]

센다이 다나바타 마츠리는 동양권의 정서에 맞는 견우와 직녀의 만남을 주제로 오랫동안 행해져온 축제이다. 견우와 직녀에 관한 고전은 중국에서 시작되어 한국인, 일본인의 마음속에 전해 내려오며 다 함께 친근감을 느낄 수 있는 소재이기도 하다. 다나바타 마츠리는 수많은 일본 마츠리 가운데 한국인의 정서에도 잘 부합되며 가장 쉽게 다가갈 수 있는 축제 중의 하나이다.

---

1 ≪월간이벤트≫, 2006년 3월호, 7월호, 10월호, 2007년 10월호에 저자가 기재한 글을 편집해 수록했다.

〈사진 5-7〉 다나바타 마츠리

견우와 직녀의 춤

현재 한국에서도 이미지 향상 및 지역경제 활성화를 위해 각 지역별로 지역축제가 활발히 전개되고 있다. 그러나 지역축제가 뿌리내리는 과정에서 정체성이 결여되면서 서로 모방하거나 중복되는 등 많은 문제점을 낳고 있다. 한국의 지역축제는 1990년대 지방자치제도의 시작과 함께 급성장을 이루며 현재 1000여 개의 축제가 전국 각지에서 개최되고 있다. 지역축제를 통해 다양한 내용의 프로그램을 선보이고 있지만 한국 현실에 맞는 주제와 소재를 발견하고 찾아내는 일은 쉽지 않다.

얼마 전 장성 홍길동 축제와 곡성의 심청 축제에 대한 정통성 논란이 가열된 사례에서 잘 나타나고 있듯이 우리 주변에는 많은 축제가 난립하고 있지만 아직도 견우와 직녀 같은 누구나 쉽게 공유할 수 있는 소재가 지역축제에 반영되지 못하고 있다.

전통과 현대의 조화를 이룬 다나바타 마츠리로부터 한국의 지역축제의 나아갈 방향에 대한 다음의 시사점을 얻을 수 있다.

첫째, 다수의 지역민들이 자발적이고 주체적으로 참여하는 순수 민간단체의 활성화와 축제의 원활한 운영과 진행을 위해 전문 기량과 노하우의 전수 및 축적이 필요하다. 이것은 다나바타뿐만 아니라 일본의 전통축제에서 배워야 할 중요한 특성의 하나라고 할 수 있다.

다나바타 마츠리에서 대부분의 프로그램은 상가연합회는 물론 지역 연고를 가진 학교, 기업, 그리고 자위대등의 순수 아마추어 단체 등의 자발적인 협조로 진행된다. 특히 축제의 메인이 되는 등 장식 콘테스트는 민간으로 구성된 참가단체에 의해 수개월 전부터 많은 준비 과정과 전문적인 제작공정을 거쳐 유지되고 있다.

한국도 최근 들어 관 주도의 축제 진행 방식에서 민간 주도의 운영체제로 전환하려고 노력하고 있지만 진정한 의미에서 축제가 발전되기 위해서는 앞으로 자발적인 주민의 참여에 의해 대회의 근간이 유지되고 관련 노하우가 계승·전수될 수 있는 체계를 갖추어야 한다. 지역주민의 적극적인 참여와 함께 기량을 체계적으로 계승시키며 박진감 넘치고 전문화된 진행능력을 향상시켜서 참가자 모두가 공감할 수 있고, 축제의 대형화를 위한 밑거름이 되도록 노력해야 한다.

둘째, 주제나 소재의 차별화는 물론 대중화가 필요하다. 먼저 다나바타 마츠리는 다른 일본의 전통축제와 비교할 때 주제의 차별화가 돋보인다. 일반적으로 마츠리는 종교적 행사나 제례의식을 바탕으로 한 제의와 관련된 주제가 많다. 다나바타는 다른 지역이 접근하지 않았던 동양의 대표적인 고전 속에 나오는 견우와 직녀의 이야기를 소재로 사람들의 마음 깊숙이 파고들었다. 견우와 직녀의 이야기는 아주 오래된 주제이다. 만약 이것을 가공 없이 그대로 축제에 이용했다면 이렇게 성공적인 축제로 발전하기는 어려웠을지도 모른다. 사람의 '만남과 사랑'은 오늘날에도 전혀 의미가 퇴색되지 않는 대중적인 주제이다. 다나바타의 현대적인 감각이 담겨진 다양한 프로그램을 중심으로 견우와 직녀의 일 년에 한 번뿐인 만남을 통해 설렘과 기대감을 충족시켰고 사랑의 위대함을 다시 한 번 확인시켜주었다.

또한 마츠리에서 자주 등장하는 큰 가마나 신전 등을 둘러메거나 다시(수레)를 소품으로 활용하거나 일본 전통 춤을 주요 프로그램으로 등장시켜 관객의 흥을 돋우거나 볼거리를 제공하는 방식을 취하지 않는다. 그 대신 견우와 직녀의 만남을 기원하고 축하하기 위해 화려하게 꾸민 등 모양의 화려한 장식물을 등장시켜 야간행사의 진행에도 어려움이 적은 축제 프로그램을 운영하고 있다.

다나바타의 주제나 소재의 차별화에 대한 성공 사례는 우리에게 시사점을 준다. 한국의 지역축제는 콘셉트의 일관성이 없는 내용의 프로그램이 너무 많다. 또한 양적인 성장에도 불구하고 천편일률적인 베끼기식의 모방이 반복되고 있다. 지역축제 발전을 위해 프로그램 개발에 과잉투자를 하고 있음에도 성과가 보이지 않는 것은 프로그램 간의 일관성·통일성이 부족하고 의미 없이 중복된 프로그램이 너무 많기 때문이다.

굳이 외국의 사례를 열거하지 않더라도 주변의 간단한 소재에서 중요한 것을 놓치지 않고 차별화된 주제를 발견하려는 노력이 필요하다. 또한 예술적인 것에 너무 집착하지 않고 많은 사람이 축제현장을 방문해 공감하고 즐길 수 있는 대중화의 노력도 절실히 요구된다.

셋째, 적극적인 마케팅 활동과 수익성의 극대화를 추구하는 자세가 필요하다. 대부분의 성공한 이벤트 사례에서 잘 알 수 있듯이 그들은 예술·문화의 가치와 경제적인 가치를 분리하거나 대립시키지 않는다. 다나바타 마츠리는 400년 전통의 축제가 추구하고자 하는 기본적인 콘셉트는 그대로 유지하면서 현대적인 감각으로 다양한 변화와 조화를 실현시키고 있다. 또한 마케팅 활동을 전개해서 수익성을 높이는 데도 매우 적극적이다. 축제 행사장에 설치된 캐릭터 숍과 기념품 판매소를 중심으로 다채로운 관광 상품을 판매하고 있고 순회버스를 이용한 연계관광을 실시해 자연스럽게 체류시간을 늘리고 수익성을 확보하고 있다.

한국의 축제에서 가장 문제시되고 있는 것은 경제성과 수익성을 창출하는 노력이 부족하다는 것이다. 특히 연계관광이 이루어지려면 사전에 치밀한 계획과 행정적인 노력이 뒷받침되어야 하는데 실제 실행 단계에서는 서로 손발이 맞지 않는 경우가 많다.

또한 체류시간을 늘려야 수익성이 향상되는데 이를 위한 가장 손쉬운 방법은 숙박시설의 확충과 더불어 야간행사 프로그램을 새롭게 개발하는 것이다. 특히 다나바타 마츠리는 등 모양의 장식을 소재로 다양한 야간 프로그램을 선보여 성공한 축제로 발전되었다. 한국의 축제 기획에서 또한 주간뿐만 아니라 야간에도 통용될 수 있는 행사를 기획 단계부터 면밀히 살피는 노력이 뒤따라야 할 것이다.

제6장

도시형 마츠리 개방성과 퓨전 문화를 소재로 한 사례

1. 지역 활성화를 위한 도시 개방형 축제

지역축제가 활성화되기 위해서는 몇 가지 선제조건이 충족되어야 하는데, 요사코이 축제, 삼바 축제, 에이사 축제 등과 같이 대부분 일본의 축제 사례에서는 다음과 같은 요소가 잘 갖추어져 있다. 첫째, 지방자치단체나 관이 주도하여 축제를 진행하기보다는 민간 주도형으로 개최되는 경우가 많다. 둘째, 지역민의 자발적이고 광범위한 참여가 바탕이 되어 진행된다. 축제가 원활하게 진행되기 위해서는 주민들의 협조가 선행되어야 하는데, 특히 댄스 팀을 구성하거나 축제에 동원되는 대형 수레, 전통 가마를 운행하려면 숙달된 구성원이 필요하다. 지역주민의 자발적인 참여에 의해 전통과 문화의 계승이 원활히 진행되고 이를 바탕으로 해야만 복잡한 프로그램을 무리 없이 소화할 수 있다. 셋째, 이미지 제고와 지역 활성화를 위해 적극적으로 전통, 문화를 관광자원화한다. 즉 그동안 무관심하고 소외되었던 지역의 전통과 문화 자원을 발굴하여 지역을 활성화시키는 계기로 발전시킨다. 최근 들어 다른 지역과의 이미지 차별화를 꾀하거나 쇠퇴하는 지역 상권을 부흥시키려는 의도에서 축제 관련 문화콘텐츠를 개발하려는 움직임이 활발하다.

2. 삼바축제를 도시 한복판으로: 아사쿠사 삼바축제

아사쿠사 삼바 카니발, 아사쿠사 삼바축제로 불리는 이 축제는 융합과 조화의 축제이다. 일본의 전통 도시 한복판에서 브라질 삼바 춤을 새로운 시각으로 각색하여 시민이 함께 참여하는 도시형 축제로 발전시켰다. 물론 브라질의 리우 카니발을 벤치마킹하고 있으며, 도시의 활성화를 통한 경제적인 이익 창출을 목적으로 하고 있다.

"쇠퇴하는 상점가를 다시 활성화시킬 수 있는 문화콘텐츠는 무엇일까?" 또 "관객들의 지속적인 만족과 관심을 유도하기 위해서는 어떤 새로운 볼거리와 프로그램을 구성·연출할 수 있는가?" 그리고 "지역의 이미지를 향상시키고 주변 지역경제의 활성화를 도모하기 위해 어떤 관광자원을 개발하고 이벤트를 새로 도입할 것인가?"라는 문제에 대한 수년간의 고민 끝에 지금까지와는 전혀 다른 콘셉트와 기원을 가진 삼바 카니발을 각색해 쇠락하는 전통 도시에 활기를 불어넣게 되었다.

먼저 리우 카니발 축제의 개요와 발전 과정을 살펴보고, 이를 새롭게 변화시킨 일본의 아사쿠사 삼바축제에 대해 상세히 언급하기로 한다.

1) 리우 카니발의 개요 및 발전 과정

정열의 나라 브라질은 축구, 삼바로 유명하며 세계적인 축제 리우 카니발이 성대하게 열린다. 리우 카니발은 세계 3대 축제로 일컬어질 만큼 규모가 매우 크며, 삼바 춤과 퍼레이드로 유명하다. 세계 3대 축제는 맥주축제로 잘 알려진 독일의 뮌헨 옥토버페스트, 일본의 삿포로 눈축제, 그리고 브라질의 리우 카니발이다.

'리우Rio'는 이탈리아 나폴리, 호주 시드니와 함께 세계 3대 아름다운 항구 중의 하나이며, 리우데자네이루Rio De Janeiro의 약칭이다. 리우 카니발은 화려한 의상의 무용수들이 각양각색의 퍼레이드를 통해 흥겨운 삼바의 음악과 춤을 선보이며 관객과 함께 어우러지는 대표적인 도시 축제이다. 삼바 카니발은 브라질 전국에서 열리지만, 그중 리우데자네이루와 상파울루Sao Paolo, 살바도르Salvador 등이 중심이 된다.

카니발 축제는 아프리카에서 브라질로 강제 이주해온 흑인 노예들에 의해 처음 시작되었다. 아프리카의 전통 타악기의 리듬과 연주, 춤에서 계승·발전되었으며, 20세기에 접어들면서 화려하고 정열적인 브라질의 삼바 춤이 함께 가미되어 현재의 원형을 갖추었다.

카니발이란 말은 라틴어인 'carnelevamen'으로 본격적인 금육기간에 앞서 영양을 보충하고 마음껏 먹고 마시자는 취지에서 출발했다. 매년 새로운 테마로 진행되며, 이라크전쟁이 발발한 2003년에는 '평화'가 주제로 설정된 바 있다. 리우 카니발은 금육기간인 사순절을 앞두고 토요일 밤부터 수요일 새벽까지 진행되는데, 매년 2월 말부터 3월 초에 개최되며 4일 동안 열린다. 브라질이 남반구에 위치하기 때문에 축제 기간인 2월과 3월은 한국과는 반대로 한여름이다.

리우 카니발은 유명한 삼바 클럽들이 모여 그들만의 행사로 출발했지만, 현재는 삼바를 좋아하는 브라질 사람들의 자발적인 참여로 이어져 브라질을 대표하는 축제로 발전했다. 이 축제의 하이라이트는 역시 브라질을 대표하는 최고 수준의 클럽과 삼바학교가 참여해 밤을 화려하게 밝히는 거리의 시가행진과 퍼레이드이다. 최초의 삼바학교는 1928년에 설립되었으며 현재 6만 개에 이르고 있다.

리우 카니발은 '삼바도르모sambadormo'라는 야외 경연장에서 최고의 절정을 이룬다. 1층은 VIP를 위한 로열석으로 배치되고 나머지는 일반석으로 구분되는데, 축제 한 달 전에 매진될 정도로 인기가 대단하다. 리우 카니발의 클라이맥스는 대규모의 가장행렬에서 찾을 수 있다. 퍼레이드는 콘테스트 경연 방식으로 진행되는데, 600여 개의 브라질 삼바학교 무희들이 펼치는 화려한 댄스 경연을 즐길 수 있으며 우승자들이 벌이는 거리 퍼레이드도 관람할 수 있다.[1]

또 2012년 삼바축제에는 사상 최초로 한국 대표단이 참가해 전통 민속무용인 치마춤과 한국 전통 궁중행렬 등을 펼치며 현지 관객으로부터 많은 주목을 받았다.

한편, 상파울루 카니발 축제는 리우데자네이루에 이어 두 번째로 큰 삼바축제로 1955년에 시작되었으며, 축제 기간은 2월 17일부터 21일까지이다. 이 카니발 축제 기간에는 브라질의 삼바학교 학생들이 수천 명씩 참가해 카니발 경연대회의 성격을 띤다. 축제의 마지막 날에는 각 댄스 팀들의 경선을 통한 콘테스트가 진행된다.

---

1 최정석, "브라질 리우카니발은 하나의 산업 … 한국기업들 진출 가능성 열려 있어", ≪헤럴드경제≫, 2015년 2월 16일 자.

한국의 경우, 리우 삼바 카니발을 지역축제로 발전시킨 사례는 발견하기 어렵다. 몇몇 사례에서 볼 수 있듯이, 주로 테마파크에서 화제와 흥미를 제공해 방문객의 재방문을 유도하는 데 활용하고 있다.

그중 롯데월드에서 2006년 6월 말부터 매년 약 두 달간 브라질 리우 삼바 카니발을 개최해서 집중적인 조명을 받았다. 본고장의 리우 삼바 카니발을 한국에서도 경험할 수 있다는 것을 슬로건으로 내세우며 퍼레이드와 스테이지 쇼를 중심으로 화려한 볼거리를 구성·연출하여 방문객의 관심을 집중시키고 있다.

또한 현지 브라질 카니발의 감동을 그대로 전달하기 위해 대형 삼바 카니발용 특수차량 4대를 새로 제작했으며, 다양한 의상을 브라질에서 직접 조달했다. 공연에는 브라질 리우 삼바 카니발 축제에 직접 참여했던 브라질 유명 삼바 학교인 '에 시오Est ci'의 무용수들이 초청되어 퍼레이드 등 각종 공연에 참여했다.[2]

브라질은 한국과 상반된 축제 문화와 문화적 특성을 가지고 있다. 특히 정반대의 계절적 특징을 바탕으로 한 개방적이고 정열적인 국민 정서는 한국과 큰 차이점이다. 최근 들어 한국에서도 많은 축제가 생기고 전통성을 살린 문화도 등장하고 있지만, 전 국민이 함께 열광하는 상징적인 대표 축제는 없다.

브라질 중동부 해안의 리우데자네이루는 문화수도를 표방하며 도시의 차별적 특징을 내세우기 위해 삼바축제 등 다양한 문화행사를 시작했다. 또 이곳에서 열리는 삼바축제는 세계적 축제로서의 높은 위상과 함께 범국가적인 행사로 승화되어 오늘날까지 발전을 계속하고 있다. 특히 축제에

---

2 "물벼락 맞고, 삼바춤 추고, 장미향 만끽", ≪서울경제≫, 2006년 6월 28일 자.

참여하기 위해 1년 전부터 치밀한 계획을 세우고 준비하는 이곳 사람들을 보면, 삼바축제에 대한 열기와 관심을 쉽게 이해할 수 있다. 삼바축제는 웅대한 규모나 화려함도 유명하지만 축제 참가자의 열기와 정열적 가무, 주민의 참여 의식 또한 많은 시사점을 제시하고 있다. 전 국민의 참여와 관심 속에 해외에서 축제를 찾는 관광객이 50만 명을 상회한다. 특히 미국 플로리다에서는 이 기간 다양한 관광 상품이 만들어져 인기를 끌고 있다.

삼바축제가 브라질을 상징하는 대표적인 축제로 인식되고 발전하게 된 바탕은 일상생활 속에서 늘 축제를 즐기고, 시간만 나면 가까운 지역이나 공공장소에서 축제를 개최하려고 하는 문화 환경에서도 발견할 수 있다.

한국은 축제의 역사가 아직 짧은 탓도 있지만, 아직 너무 가시적인 것에 집착하고 우리 생활 속에 깊숙이 뿌리를 내리지 못하고 있는 것을 생각해 볼 때, 가까운 곳에서 축제를 생활화하고 발전을 추구하고 있는 이들의 자세를 긍정적으로 받아들일 필요가 있다. 우선 지역 단위 소규모 축제부터 활성화될 수 있도록 다양한 지원이 필요하며, 무엇보다 주민 참여를 통한 지역 화합의 장으로서의 역할을 수행할 수 있도록 제반 여건을 강화해야 할 것이다.[3]

2) 아사쿠사 삼바축제의 개요 및 발전 과정

제2차 세계대전 전까지 상업의 중심지로 도쿄 최고의 번화가였던 아사쿠사浅草는 이케부쿠로池袋, 신주쿠新宿, 시부야渋谷 등에 빼앗긴 도쿄 중심지로서의 지위를 되찾기 위해 이곳의 상가번영회가 주축이 되어 아사쿠사 재

---

3 "세시풍습을 재현하며 주민화합을 다졌다", ≪충청일보≫, 2013년 2월 21일 자.

건의 일환으로 시작되었다. 아사쿠사의 삼바축제는 벌써 30년이 넘는 역사를 가지고 있다. 축제의 핵심이라 할 수 있는 삼바 퍼레이드에는 지역 전체의 축제답게 구역별·학교별로 참가한 팀들이 많고, 개인적으로 참가하거나 본고장인 브라질에서 온 전문적인 삼바 댄서들도 있다.

1981년부터 매년 1회, 8월 말에 개최되고 있으며 2011년에는 지진 피해의 영향으로 취소되었다가, 2013년 2년 만에 다시 실시되었다. 일본 전국에서 활동하고 있는 삼바 그룹 26개 팀이 참가해 약 50만 명의 관객 앞에서 브라질 삼바의 매력을 보여주고 있다. 화려한 색상의 의상, 건강미를 발산하는 여성들의 경쾌한 움직임, 흥을 돋게 하는 삼바 리듬의 음악 등이 어우러져 약 800m의 도로가 퍼레이드 참가 팀의 행진으로 장관을 이룬다.

아사쿠사 삼바축제는 일부 도로를 몇 시간 동안 폐쇄하고 진행되는 단출한 축제에 지나지 않지만, 이국적인 모습과 함께 그 규모, 또 다양한 프로그램에 압도되어 참가자의 만족도는 매우 높게 나타난다. 현재는 지방의 관광객들까지 참관할 정도로 새로운 도시문화를 창출시키고 국가 간의 친선 역할도 수행하고 있다. 경제적 측면에서도 축제의 긍정적인 효과를 쉽게 발견할 수 있다. 축제 기간 주변의 점포나 상점가에는 많은 관객들이 모여들어 새로운 활기를 불어넣는다.

도쿄의 아사쿠사는 일본의 중세 시대인 에도의 정서와 풍경을 잘 보여주며 전통적인 분위기를 느낄 수 있는 곳이다. 도로에는 에도의 풍경과 고전적인 분위기를 담은 화려한 상점들이 늘어서 있어 옛 일본의 거리 모습을 그대로 볼 수 있다. 이 때문에 이곳과 전혀 관련성이 없어 보이는 브라질의 삼바 춤을 주제로 현대적 장르와 결합시킨 도시축제로 발전시킨다는 것은 매우 의외의 발상이었다. 도쿄에서 가장 전통적이고 일본적인 정서를 느낄 수 있는 거리가 1년에 하루 동안은 완전히 브라질의 풍광과 모습으로 탈바

〈사진 6-1〉 아사쿠사 삼바축제

퍼레이드

꿈하는 것이다. 일상생활에서 경험할 수 없는 일탈의 행위를 느끼기 위해 축제가 존재하는 것이라면, 이것이야말로 완전한 형태의 비일상적 제시이며 일탈의 정신이라 할 수 있다.

아사쿠사는 당시로는 고층 건물이었던 료운카쿠凌雲閣의 내부에 일본 최초로 영화관과 엘리베이터를 받아들인 곳으로 유명하며 만담, 서커스 등과 같은 근대 공연 프로그램을 도입해 다양한 문화를 선도하던 곳이었다.

그러나 아사쿠사가 도쿄의 변두리로 전락하고 문화의 중심지로부터 멀어지게 되자, 지역 활성화를 위한 새로운 방향을 모색하게 되었다. 즉 이국적인 정서의 브라질 삼바 카니발을 적극적으로 받아들여 이곳의 메인 축제로 만듦으로서 유행을 선도하고, 다시 문화의 중심에 서려는 계획을 추진했다.

행사의 핵심은 역시 퍼레이드 콘테스트parade contest이다. 삼바 퍼레이드는 관객의 자유로운 참여와 적극적인 반응을 유도하기 위해 정해진 거리의 노선을 따라 진행된다. 먼저 도부아사쿠사東武浅草 역 옆의 우마미치도리馬道通り에서 출발해 사거리에서 센소지浅草寺 방향으로 우회전한 후, 가미나리몬도리雷門通り로 행진한다. 경쾌한 음악과 함께 화려하면서도 정열적인 삼바 복장을 한 수많은 댄스 팀들이 줄지어 퍼레이드를 펼치는 모습은 관객에게 많은 볼거리를 제공하고 장관을 연출한다.[4]

아사쿠사 삼바축제는 본고장 브라질 삼바축제와 마찬가지로 대회의 취지를 살려서 여름 축제로 자리 잡고 있다. 따라서 무더위가 절정을 이루는 매년 8월 마지막 주에 개최하며, 같은 시기에 열리는 고엔지의 아와오도리 축제, 하라주쿠의 메이지진구明治神宮 요사코이 축제와 경쟁 관계에 있기도

---

4 "浅草サンバカーニバル復活", ≪毎日新聞≫, 2009年 8月 29日.

〈사진 6-2〉 아사쿠사 삼바축제

일반인 참가 퍼레이드

하다.

한편, 2012년 제31회 아사쿠사 삼바축제는 8월 25일 개최되어 퍼레이드에 26개 팀 4400여 명이 참가했고, 관람객은 약 50만 명이 참여했다. 아사쿠사 삼바축제 실행위원회가 주최하는 이 축제의 퍼레이드 시간은 오후 1시 30분부터 오후 6시로, 주요 개최 장소는 우마미치도리馬道通り에서 가미나리몬도리雷門通り에 이르는 퍼레이드 거리와 아사쿠사고카이도浅草公会堂였다. 2012년의 대회는 일본 대지진 피해로 중지된 후, 다시 실시되어 남다른 의미를 주었다.[5]

아사쿠사 삼바축제의 후원사 및 협찬사는 매우 다양하다. 주요 후원 기관으로는 도쿄 도청과 브라질 대사관, 각종 언론사가 가담하고 있다. 특히 중견기업인 아사히 맥주는 특별 협찬 방식으로 이 축제에 깊숙이 관여하고 있는데, 거의 공동개최에 버금가는 수준으로 참여하고 있으며 다양한 지원을 통해 마케팅 활동을 강화하고 있다. 아사히 맥주가 많은 비용을 들여서 이 대회에 참가하는 것은 삼바 카니발 축제가 무더위가 한창인 여름에 개최되고, 이 시기는 맥주 수요가 아주 왕성한 때이므로 그만큼 홍보효과가 기대되기 때문이다. 따라서 축제가 열리는 여러 지역에 아사히 맥주를 알리는 광고물을 설치하고, 축제 안내장 및 홍보물에 광고를 게재해 마케팅 효과를 극대화시키고 있다.

최대의 볼거리인 삼바 퍼레이드는 크게 4개 부문으로 구분된다. 첫째, '커뮤니케이션 리그'는 행사가 열리는 아사쿠사 지역주민으로 구성된 참가팀의 퍼레이드다. 매년 댄싱 팀들을 적극적으로 모집하는 것은 축제에 대한 주민의 관심과 참여도를 높일 수 있기 때문이다.

---

5 "下町に 2 年ぶりの熱気! 浅草サンバカーニバル", ≪産経新聞≫, 2012年 8月 25日.

〈사진 6-3〉 아사쿠사 삼바축제

경연 참가 팀

둘째, '테마 삼바 리그'는 삼바의 본고장인 브라질에서 직접 참가한 댄싱 팀을 비롯해 특별 협찬사인 아사히 맥주, 일본항공, 기타 협찬 회사에 소속된 참가 팀의 퍼레이드다. 대회 협력사의 입장에서 보면, 퍼레이드의 소품을 통해 기업의 브랜드를 노출시킬 수 있기 때문에 적극적으로 삼바 콘테스트에 참가함으로써 이것이 마케팅을 위한 좋은 장場으로 활용될 수 있다.

셋째, 'S1 리그'는 축제 실행위원회가 추천한 대규모 댄싱 팀의 퍼레이드다. 많은 참가자로 구성된 삼바 댄스 팀이 주축을 이루고 있기 때문에 다른 경연 팀보다 분위기를 압도하는 스케일로 웅장함을 연출한다. 참가 규모가 큰 팀은 250명이 넘는 경우도 있다.

넷째, 'S2 리그'는 다양한 춤과 함께 브라질 전문 댄스 팀의 실력을 능가하는 팀으로 구성되어 있으며, 특히 다른 댄스 팀과 차별화된 테마에 의해 퍼레이드를 개성 있게 연출한다. 이 리그에는 본 대회에 단골로 출전하는 팀이 많은 것도 특징이다.

콘테스트 심사는 S1 리그와 S2 리그에 참가하는 댄싱 팀만 포함된다. 심사 항목은 삼바 춤의 테마를 비롯해 역동성, 의상, 연주, 댄스 표현력, 참가 매너, 종합평가 등 총 일곱 가지이다.

3. 전통 춤과 군무의 향연: 도쿠시마 아와오도리 축제

일본 추석인 오본お盆에는 죽은 사람의 혼을 달래는 의미로 춤을 추는 본오도리盆踊り가 있다. 본오도리는 일본 전 지역에서 흔히 볼 수 있는데, 각 지역별로 그 특색이 반영된 독특한 형태로 발전되어 전래되고 있으며, 오늘날 마츠리의 소재로는 빼놓을 수 없는 것이 되었다.

본래 '본盆'은 오본(한국의 백중百中)을 나타내며, '오도리踊り'는 춤을 의미하는데, 이것은 백중 기간 마을 주민들이 모여 추는 민속춤의 일종으로 백중맞이 춤을 가리킨다. 본오도리는 조상과 그 밖의 죽은 이들의 영혼을 달래기 위한 전통 춤사위이며, 영혼들이 이승에 있는 후손들과 함께 즐겁게 춤추고 다시 저승으로 돌아갈 수 있도록 하자는 의미로 계승되었다. 또 본오도리가 일반적으로 납량 본오도리 대회納涼盆踊り大会라고 불리는 것처럼, 한여름의 무더위를 잠시 잊어버리고 시원한 저녁 바람과 함께 참가자 모두가 여흥을 즐기려는 취지의 행사라 할 수 있다.

이 본오도리는 무로마치室町 시대(1334~1573년)에 서민들에게 보급되었으며, 그중에서도 시코쿠四国 도쿠시마 현德島縣의 아와오도리가 유명하다. 또 아와阿波는 도쿠시마의 옛말이므로 아와오도리는 도쿠시마의 춤으로 이

〈사진 6-4〉 아와오도리 축제

군무와 퍼레이드

〈사진 6-5〉 아와오도리 축제

군무와 퍼레이드

해할 수 있다.

도쿠시마에서는 매년 8월 12일부터 15일까지 아와오도리가 개최된다. 일본의 대표적인 여름 축제의 하나로, 1587년 도요토미 히데요시의 신하인 하치스카蜂須賀 가문이 이 지역에 성을 짓자, 이를 기념하기 위해 주민들이 춤을 추며 성으로 들어간 것이 유래가 되었다. 이 춤은 본산지인 도쿠시마뿐만 아니라 나중에 전국으로 확산되어 오본 춤(본오도리)의 한 형태로 전래되었다.

"춤추는 바보에 보는 바보, 같은 바보라면 안 추면 손해다, 손해踊る阿保に見る阿保, 同じ阿保なら 踊らにゃ損損"라고 외치며 노래하고 함께 춤을 춘다. 퍼레이드에는 전국 각지에서 6만여 명이 참가한다. "얏토세, 맛토세ヤットセ, マットセ" 하는 추임새와 흥겨운 장단에 맞추어, 남성은 힘 있고 박력 있게, 여성은 우아하고 아름답게 춤사위를 펼치며 4일의 축제 기간 각자의 열정을 마음껏 발산시킨다. 또 낮 동안에는 보통 나가시流し라는 조용하고 절제된 형태의 춤을 추지만, 밤이 되면 조메키騒き라고 하는 좀 더 힘과 생동감이 넘치는 춤사위가 펼쳐진다.

아와오도리의 춤동작은 매우 단순하며 짧은 시간에 누구나 배워서 따라 할 수 있다. 샤미센三味線(일본의 전통 현악기)과 피리, 북 등 전통악기의 장단과 가락에 맞춰 팔을 어깨 위로 들어 올린 채 쉬지 않고 춤사위를 반복하며 행진한다. 이러한 단순함이 관객의 참여도나 호응도를 높게 하며 전국으로 파급되는 계기로 발전했다.[6]

해마다 약 130만 명 이상의 관객이 축제에 참가하기 위해 도쿠시마를 방문한다. 아와오도리 퍼레이드의 참가 팀은 약 1000팀에 이르고, 춤사위에

---

6 아와오도리 홈페이지(http://www.awaodori.net/nittei/shinai.html) 참조.

함께 동원되는 사람만 약 10만 명이나 되는 규모로 발전하여 시코쿠를 대표하는 축제로 자리 잡게 되었다.

약 400년의 역사를 가진 아와오도리는 무더위가 절정인 8월 중순(8월 12~15일)에 개최되며, 비슷한 기간에는 전국 각지에서 일본을 대표하는 여름 축제인 아오모리의 네부타 마츠리(8월 1~7일)를 비롯해 아키타의 간토 마츠리(8월 3~6일), 그리고 센다이의 다나바타 마츠리(8월 6~8일) 등이 개최된다.

1) 고엔지 아와오도리 축제의 개요 및 발전 과정

도쿠시마의 아와오도리가 일본의 유명한 여름 축제이자 시코쿠를 대표하는 축제라면, 고엔지의 아와오도리는 일본 최대 도시인 도쿄를 대표하는 여름 축제이다. 또 스미다 강 불꽃축제와 아사쿠사 카니발과 더불어 도쿄의 3대 여름 축제로 유명하다.

고엔지의 아와오도리 축제는 도쿠시마 아와오도리를 모태로 하고 있으며, 아와오도리와 관련된 축제로는 전국적으로 높은 인지도를 보이고 있다. 축제의 형식과 내용에서는 다른 아와오도리와 맥락을 같이하지만, 진행 방법과 규모에서는 차이가 있다.

고엔지는 도쿄 23개의 특별구 중 하나인 스기나미 구杉並区에 속한다. 행정구역으로 보면, 한국의 동洞에 해당하며 상가와 주택가가 밀집되어 있고 주변에는 간다 강神田川이 흐르고 있다. 스기나미 구에서는 아와오도리 축제 외에도 매년 아사가야阿佐谷 다나바타 마츠리 등의 축제가 함께 열린다.

고엔지의 아와오도리는 JR 고엔지 역의 상점가를 중심으로 매년 8월 마지막 주 토·일요일 양일간 개최되고 있다. 고엔지는 일본 어디서나 볼 수 있는 평범한 도시환경을 갖고 있지만, 전통적인 춤을 지역의 여건에 맞게 조화시켜 주민의 참여를 이끌어내고 관객의 호응을 얻는 데 성공했다.

주택가와 인접한 지역의 조그마한 상점가에서 전국적인 지명도가 있는 축제를 해마다 개최하는 것을 보면, 과연 그 저력은 어디서 나오는 것인지 놀라움을 느끼게 된다. 현재 한국에서도 일개 군郡이나 동洞 같은 작은 행정단위의 지역에서 축제를 개최하는 경우도 많다. 고엔지의 아와오도리는 지역의 크기나 규모에 관계없이 차별화에 성공하기만 한다면 관심을 끄는 축제로 성장할 수 있다는 것을 잘 보여주고 있다.

물론 작은 행정지역에서 개최되기 때문에 도쿠시마 아와오도리에 비해 규모 면에서 뒤떨어지고 관객에 대한 흡입력도 부족하다. 그러나 지역의 특성을 잘 살린 프로그램 구성과 짜임새 있는 진행 때문에 도쿄의 개성 있는 축제의 하나로 자리 잡고 있다.

동 단위의 지역에서 개최하는 축제라고 생각하기 어려울 정도로 매년 약 200팀이 퍼레이드에 직접 참가하고 있으며, 약 1만 2000명의 댄서가 전통춤의 향연에 출연하고 있다. 또한 작은 규모에도 불구하고 높은 인지도와 집객력이 높은 인구 밀집 지역이 주변에 위치해 매년 약 120만 명의 관객이 이곳을 다녀가고 있다. 따라서 아와오도리의 본고장인 도쿠시마를 제외하면 현재 방문객 순위에서 전국 2위를 차지하고 있으며, 매우 성공한 축제 사례로서 주목받고 있다.

4. 젊은이의 축제, 퓨전 문화의 발신지: 고치 요사코이 축제

고치 현高知県을 기원으로 하는 요사코이 축제는 1954년 제2차 세계대전

이 끝난 후, 불황으로 인해 그늘이 드리운 고치의 지역경제를 부흥시키고 활성화시키기 위해 시작되었다. 제1회 대회는 21개 참가 팀, 750명의 참가자에 의해 첫발을 내딛었고, 그 후 제30회 대회에 이르러서는 퍼레이드 댄스 참가자만 1만 명 이상인 대형 축제로 성장했다. 특히 1970년 오사카에서 개최된 만국박람회에서는 10대 일본 대표 축제 가운데 하나로 선정되기도 했다.

기존의 유명한 전통축제인 도쿠시마 아와오도리가 맨손으로 율동을 구사하는 것에 비해, 고치의 요사코이는 전통 타악기인 나루코鳴子[7]를 손에 쥐고 춤사위를 표현하며 춤을 추는 것이 특징이다. 이는 요사코이 전통 춤에 이용되는 음악의 작곡자인 다케마사 히데오武政英策의 제안을 따른 것으로, 이 때문에 나루코는 요사코이 축제의 상징이 되었으며 차별화의 도구로서 정착되었다.

이처럼 요사코이가 빠른 속도로 확산되고 폭넓은 층을 대상으로 하게 된 주요 원인은 축제의 이념에서 찾을 수 있다. 물론 이와 같은 특징은 요사코이에서만 나타나는 것이라 할 수 없지만, 전통적인 축제를 현대에 맞게 각색해 대중화에 성공한 대표적인 사례인 것만은 틀림없다.

요사코이가 추구하는 축제의 이념은 의외로 단순한 곳에서 찾을 수 있다. '자유롭게 표현하고 마음껏 즐긴다'는 것은 사실 모든 축제의 지향점이자 본질이기도 하지만 요사코이는 축제의 이념을 여기에 두고 관객을 설득해나감으로써 공감을 유도해낸다. 축제가 존재하는 기본적인 의미나 이유를 설명할 때 다양한 요인을 제기할 수 있겠지만, 역시 자유롭게 즐기고 표

7 본래 새를 쫓기 위해 사용된 나무로 만든 도구지만, 현재는 축제에 사용되며 판자에 줄을 걸어 놓고 잡아당겨 소리를 낸다.

현한다는 본질은 오늘날에도 축제가 존재하는 분명한 의미로서 폭넓은 지지를 얻고 있는 것이다. 이와 같은 이념 및 지향점 때문에 요사코이는 특히 젊은 연령층에게 많은 인기를 얻는 축제라는 이미지로 자리 잡는 데 성공해 오늘날 '일본의 리우 카니발'이라는 별칭으로 불리고 있으며, 요사코이가 표방하는 문화성과 취지는 전국적인 단위로 파급되고 있다.

현재 요사코이는 뚜렷한 주제와 문화콘텐츠의 차별화에 의해 전국적으로 이를 벤치마킹하려는 지역으로 확산·보급되고 있으며, 이 과정에서 각 지방에서는 새로운 변화를 시도한 다양한 형태의 요사코이 축제가 재탄생하고 있다. 최근 들어 전국의 요사코이 축제가 약 220개에 이르고 있어 그 성장 추세를 짐작할 수 있게 한다. '요사코이'란 도사土佐(고치 현의 옛 행정 명칭) 지방의 사투리로 "밤에 와주세요夜さ来い"라는 의미이다. 이러한 요사코이 축제는 특히 젊은 연령층의 정서를 자극해 많은 인기를 얻고 있다. 퍼레이드에 선보이는 '요사코이 나루코오도리鳴子踊り'는 현대적인 록이나 삼바 등으로 자유롭게 편곡할 수 있으며, 이를 통해 자신만의 개성 있는 춤을 펼칠 수 있다. 나루코는 농작물에 피해를 주는 새를 쫓아내기 위해 사용되는 농기구로 일종의 일본식 캐스터네츠castanets의 역할을 수행하며, 이를 이용한 춤사위를 가리킨다.

해마다 지카타샤地方車라고 불리는 선두에 선 웅장한 대형 수레를 따라 나루코를 울리며 춤추는 퍼포먼스의 향연과 더불어 자신들만의 화려한 색상과 아이디어가 풍부한 의상을 선보이는 등 다른 축제와의 차별화에 성공했다.[8]

---

8 原宿 表参道 実行委員会,『よさこい guidebook 2013』, pp.3~9.

1) 하라주쿠 · 메이지진구 요사코이 축제의 연혁

아시아의 삼바축제를 겨냥해 다양한 곳에서 확산되고 있는 축제가 바로 일본의 요사코이 축제이다. 요사코이 축제는 홋카이도의 소란 축제를 비롯해 가나자와金沢, 오다이바お台場 등지에서도 화려하게 열리고 있지만, 역시 잘 알려진 사례로는 젊은이의 집합소, 유행의 발산지로 유명한 하라주쿠의 메이지진구 요사코이 축제이다.

하라주쿠의 요사코이는 시코쿠 고치 현의 '요사코이 축제'를 기원으로 하고 있다. 매년 여름 8월 양일간 개최되며, 오모테산도表参道를 중심으로 진행되고 있다. 퍼레이드가 진행되는 메이지진구에서 아오야마青山까지 이어지는 폭 1km의 4차선 도로인 오모테산도는 양 옆으로 고급스러운 패션 상점과 노천카페, 그리고 갤러리와 전시관 등이 모여 있는 하라주쿠 최고의 명소이다. 또 주변에는 패션과 쇼핑으로 유명한 다케시타도리竹下通り가 있으며 한국의 대학로와 같이 젊은 층의 집객 장소로 잘 알려져 있다.

축제의 천국으로 불릴 만큼 일본 각지에 산재되어 있는 다양한 축제 가운데 특히 요사코이를 설명하는 것은, 요사코이에 다음과 같은 장점이 있기 때문이다. 첫째, 일본인의 정체성을 찾아내 이것을 외부 세계로 널리 전달한다. 둘째, 급격한 사회 변화와 함께 심리적인 위축이나 불안감을 가진 사람에게 꿈과 희망을 갖게 한다. 셋째, 하라주쿠 주변 지역에 새로운 이미지를 부여하고 상권을 활성화시켜 지역경제를 되살린다. 넷째, 요사코이는 젊은이의 축제로 포지셔닝되어 있는데 하라주쿠가 갖고 있는 도시 이미지와 잘 부합하여 시너지 효과를 기대할 수 있다.

한편, 2020년은 메이지진구가 하라주쿠에 자리 잡은 지 100년이 되는 해이고, 1964년 도쿄 올림픽을 통해 세계적인 경제 대국으로 부상한 바 있는

제13회 2013년 하라주쿠 요사코이 개최 개요

명칭 하라주쿠 오모테산도 슈퍼 요사코이 2013
개최 기간 2013년 8월 24일(토)~25일(일)
개최 장소 오모테산도, 메이지진구, 요요기 공원(代々木公園), NHK 앞
주최 하라주쿠 오모테산도 축제 실행위원회, 하라주쿠 상점가 진흥조합
공동 개최 고치 시
특별 협력 메이지진구
협력 하라주쿠 도시계획 협의회, 메이지진구 마을 연합회, 하라주쿠 환경미화 추진위원회, 하라주쿠 교통안전협회 등
후원 도쿄 부, 시부야 구, 고치 현, 도쿄 상점가 진흥조합연합회, 시부야 상점연합회, 시부야 관광협회, 고치 상점가 진흥조합연합회, KUTV 고치 등
참가 팀 88팀
관객 동원 수 약 80만 명

일본은 2020년 도쿄 올림픽을 개최하기로 되어 있다. 마침 하라주쿠 요사코이가 열리는 시기와 비슷해, 이를 계기로 적극적인 홍보를 실시하여 세계적인 축제로 발전시키려는 계획을 세우고 있다.

하라주쿠 요사코이의 아류로 개최되는 사례 중에는 오다이바 요사코이도 있다. 오다이바는 도쿄 만에 가까운 도쿄 임해부도심 지역[9]으로 하라주쿠가 패션과 유행을 선도한다면, 오다이바는 생산과 산업의 중심 지역이라고 할 수 있다. 특히 세계적인 규모의 국제 컨벤션 센터와 각종 전시장이 자리 잡고 있는 곳이다. 오다이바 요사코이의 대회 명칭은 'DREAM YO-

9 도쿄에서 조금 떨어진 임해부도심(臨海副都心) 지역은 도시의 기능을 효율적으로 분산시키고 국제 경제활동의 거점으로 육성하기 위해 도쿄만 매립지에 조성했다. 향후 정보화와 국제화를 겨냥한 첨단 거점지역으로 특성화시켜 개발할 예정이다.

SACOY'로 다른 곳과의 차별화를 시도하고 있으며, 2013년 기준으로 제12회 대회를 개최했다. 여름 축제로 진행하는 다른 요사코이 축제와는 개최 시기를 달리해 11월 초(2016년에는 11월 4~6일 개최)에 2~3일 동안 열리고 있다.[10]

개최 장소는 크게 3개 지역으로 분산하고 방문객의 참여를 높이기 위해 체험 프로그램을 강화했다. '당일 신청 무료 강습회'가 좋은 예로, 고치 요사코이 전통 춤을 즉석에서 배워서 축제에 참가하는 재미와 흥을 돋우며 이는 방문객의 반응과 호응도가 매우 높은 편이다. 또한 향토 음식 코너와 향토 박람회 및 지역 특산물 전시회를 병행하여 경제적인 효과도 거두고 있다. 특히 주 행사장으로 활용되는 오다이바에서는 밤의 야경과 함께 다양한 프로그램이 진행되어 관객에게 볼거리를 제공한다.

또 축제의 홍보활동을 적극적으로 지원하기 위해 '요사코이 공식 PR팀'을 운영하고 있다. 이 팀은 요사코이 축제에 참가하는 것을 비롯해 전국 각지에서 열리는 50여 군데의 지역축제에 참가하고 있으며, 기업이 주최하는 이벤트나 방송 등에도 출연해 대회를 홍보하고 있다. 관객에게 볼거리를 제공하기 위해 매년 표현하는 춤의 테마나 의상, 배경음악에 새로운 변화를 시도하며 팀의 구성원은 일반 공모를 통해 모집하고 있다.

한편 도쿄의 자매도시인 뉴욕에서도 요사코이가 개최되어 일본에 대한 관심을 더욱 고조시키고 있다. 이는 매년 4월에 개최되며, 일본 전통과 문화에 대한 이해를 높이고 관광지로서의 매력을 증진시키고 있다.

매년 하라주쿠 오모테산도에서 요사코이 축제와 더불어 개최되는 '지만이치じまん市'는 주목할 만한 사례이다. 지만自慢은 사전적 의미로 자랑, 자랑

10 오다이바 요사코이 홈페이지(http://www.dreamyosacoy.jp) 참조.

하라주쿠 오모테산도 지만이치 행사 개요

명칭 하라주쿠 오모테산도 지만이치 2013
개최 기간 2013년 8월 24일(토)~25일(일)
개최 장소 요요기 공원 B지구 이벤트 광장
주최 하라주쿠 오모테산도 축제 실행위원회, 하라주쿠 상점가 진흥조합
동시 개최 U-1 그랑프리(전국 우동 선수권대회)
참가 점포 약 20부스
전시 내용
- 전국 및 지역 특산품 전시회, 관광 박람회, 특산품 판매
- 공연 이벤트 및 요사코이 공연
- 협찬 및 후원 단체 홍보 부스, 샘플링 제공
- 전국 우동 선수권대회 및 전국 우동 판매, 시식회

거리를 가리키며 이치市는 시장이나 (상가)거리를 의미하는데, 즉 다른 곳과 비교해서 자랑하고 내세울 상품이나 아이템이 많은 특정 장소를 뜻한다고 할 수 있다. 지만이치는 패션의 발신지와 젊은이의 거리로 잘 알려진 이 지역의 이미지와 걸맞게 요사코이 축제와 함께 개장해 마케팅 효과를 극대화하고 있다.

본래는 요사코이의 발상지인 고치를 홍보하기 위해 특산품 전시회인 '요사코이 광장'을 요사코이 축제 기간에 맞춰 동시에 개최하는 것에서 출발했다. 그러나 단지 지역에서 생산하고 있는 특산품을 전시하거나 판매하는 것만으로는 백화점이나 다른 전시장에서 하고 있는 물산 박람회, 특산품 전시회 등과 차이가 없기 때문에 2008년을 기점으로 좀 더 새로운 시각에서 접근한 것이 하라주쿠의 지만이치라 할 수 있다.

비단 고치뿐만 아니라 일본 전 지역에서 생산되는 다양하고도 경쟁력이 있는 제품을 전시회를 통해 알리고 판매하고 있으며, 흥미를 유도하기 위

한 퍼포먼스와 이벤트 프로그램을 제공하고 있다. 하라주쿠 외에도 전국적으로 요사코이 축제가 개최되고 있는 지역은 현재 200개 이상으로 그 지역에 지만이치를 개장해 전국을 네트워크화하려는 목표를 세우고 있다.

지만이치가 열리는 지역은 크게 3개의 주제로 구분된다. 첫째는 음식과 식당 테마 구역으로 전국에서 생산된 지역 농산물과 과일 등이 전시·판매되거나 다양한 레스토랑이 위치해 식사를 할 수 있다. 이곳에서 주목을 끄는 것은 독일에서 직수입된 음식과 음료를 제공하는 독일 레스토랑으로 이국적인 분위기와 맛을 경험할 수 있다. 둘째는 지역 홍보 테마 구역으로 고치 시를 비롯한 여러 지역의 특산품과 홍보 부스가 위치하여 각 지역의 경쟁력이 있는 제품과 아이템이 전시·판매되고 지역의 자랑거리를 홍보하고 있다. 셋째는 협력·후원 기관의 홍보 구역으로 이 축제에 스폰서로 참여하고 있는 KUTV고치, BS아사히, 혼다, 산토리 맥주 등의 여러 기관이나 기업의 사업 내용을 소개하는 홍보 부스가 위치하고 있다. 이와 더불어 마케팅 효과를 높이기 위해 지만이치 행사 구역과 주변 지역에서는 축제 기간 쿠폰을 발행해 판매를 돕고 있다. 이 쿠폰의 정식 명칭은 '슈퍼 요사코이 특별 쿠폰'이며, 사용할 수 있는 대상 지역과 기간을 제한하여 발행하고 있으며 다양한 혜택을 제공해 고객 만족도가 높은 편이다.

또한 다른 곳과의 차별화를 위해 지만이치는 훌륭한 디자인과 전문가나 장인의 솜씨를 겸비한 제품만을 구비해 고객에게 제공하는 셀렉트 숍select shop의 형태를 갖추고 있다. 셀렉트 숍은 고객의 편의를 제공하기 위해 특정한 제품 카테고리와 관련된 모든 회사의 브랜드를 한곳에 모아 판매하는 상점을 말한다. 특히 이곳이 아니면 구할 수 없는 제품을 선택하여 존재 가치를 높이고 있다. 예를 들면 각 지역에서 생산한 특산품을 엄선하여 전시·판매하는데 지만이치 내부에 있는 레스토랑만 하더라도 특정 지역에서 생산되는 재료를 사용하여 메뉴를 개발하거나 유명한 지역에서 수확한 과일을 사용해 과자나 케이크 등의 디저트를 만들어 고객에게 제공하고 있다.

또한 식품 사업 부문을 강화하기 위해서 각 지역과의 유대에 힘쓰고 안테나숍antenna shop 기능을 더욱 향상시키려는 계획을 추진 중이다. 안테나숍은 테스트 마케팅의 일환으로 자기 회사 제품과 서비스에 대한 소비자들의 평가를 조사하거나 경쟁 회사에 대한 정보를 얻어내기 위해 운영하는 상점이나 유통망을 가리킨다. 이를 위해 관객과 통행인을 대상으로 한 현장에서의 시식회, 샘플링 등의 세일즈 프로모션 및 직접적인 판매·홍보뿐만 아니라, 포털 사이트나 SNS 등의 인터넷 마케팅을 활용하여 적극적으로 프로모션 활동을 전개하고 있다.

한편 요사코이 축제는 고치뿐만 아니라 일본을 대표하는 문화 콘텐츠의 하나로 자리매김하고 있기 때문에, 향후에는 해외로 눈을 돌려 다양한 활용 방안을 모색하고 있다. 따라서 여행사와의 제휴를 통한 수익사업을 강구하고 여러 포털 사이트를 이용해 마케팅 활동을 실행할 계획이다. 또 요사코이와 지만이치 외에도 얼마 전부터는 메이지진구에서 개최하는 음악제와의 효율적인 연동에 의한 시너지 효과를 창출할 수 있는 특색 있는 활동이 실행되고 있다.

요사코이 축제의 지향점이기도 한 에코 마케팅eco marketing의 관점에서 '거리와 사람과 환경을 소중히'라는 대회의 슬로건을 외부로 알리기 위해 좀 더 광범위한 실천 운동을 펼치고 있다. 이를 위해 요사코이에 대한 이미지를 향상시키고 홍보 효과로 기대되는 폐기물 처리, 리사이클 운동이나 자연보호 등과 같은 환경 캠페인을 축제를 통해 고양시키고 가능한 한 여러 지역으로 확대해 실시하고 있다. 몇 년 전 아이치愛知 박람회가 에코 박람회를 표방해 성공리에 막을 내렸던 것처럼, 요사코이도 자칫 소홀하기 쉬운 '환경'이라는 주제를 바탕으로 에코 축제를 전면적으로 내세우며 관객의 공감을 얻어내고 있다.

마지막으로 또 하나의 차별적인 주제로 일본의 전통 의식에 뿌리를 내리고 있는 '화和'를 축제의 모든 프로그램에 삽입시켜 많은 사람에게 호감을 주고 있다. 퍼레이드에 참가하는 팀의 댄스음악을 비롯한 춤사위, 퍼포먼스에도 화라는 테마를 적절히 믹스시켜 이미지의 통일은 물론, 관객의 호응도를 높이고 있다.

2) 홋카이도 요사코이 소란 축제

홋카이도의 중심지인 삿포로는 대표적인 축제로 세계적으로도 인지도가 높은 삿포로 눈축제가 있다. 그러나 이 밖에도 최근 주목받는 것으로 현대적인 감각의 군무와 젊은 층이 선호할 수 있는 경쾌한 음악이 함께하는 홋카이도 요사코이 소란 축제Yosakoi ソーラン祭り가 있다.

(1) 홋카이도 요사코이 소란 축제의 개요 및 발전 과정

요사코이 소란 축제는 고치 현의 요사코이 축제와 홋카이도의 소란 부시ソーラン節가 합쳐져 새롭게 태어난 축제이다. 소란 부시는 이 지역 어부들이 연어잡이 과정에서 시름을 달래기 위해 부른 전통 민요의 하나이다. 요사코이 전통음악에 맞춰 자유롭고 독특한 춤사위가 거리에서 펼쳐지는 이 축제는 매년 6월 첫째 주에 4일간 실시되며, 삿포로 시의 초여름을 장식하는 대표적인 문화축제로 정착되어 있다.

아사쿠사 카니발은 브라질의 삼바 춤을 모티브로 한 것이고, 도쿠시마 아와오도리, 오키나와 에이사 축제는 일본에서 오래전부터 전래된 전통 춤

〈사진 6-6〉 요사코이 소란 축제

군무(전통과 현대의 조화)

을 발전시킨 것이다. 그러나 소란 축제는 고치의 요사코이 축제를 기원으로 한 것이기 때문에 축제의 운영 방식이나 기본 틀에서 유사한 점이 많다. 그렇지만 댄스음악에 지역색이 분명한 소란 부시를 활용함으로써 독자성을 확보하고, 현대적인 감각과 분위기를 살려 자유분방한 창작 춤을 소재로 하는 점 등에서 적지 않은 차이점을 발견할 수 있다.

요사코이는 본래 패전 후, 경제 발전과 지역 활성화를 위해 1954년도에 시작된 축제로, 전통 춤에 새롭게 변화를 시도해 출발한 것이다. 삿포로에서는 1992년 처음 시작했는데 장구한 역사와 오랜 전통을 계승하는 다른 축제와 비교해보면 역사가 매우 짧다. 그러나 매년 빠른 성장을 거듭하면서 현재 200억 엔 이상의 경제적인 파급효과와 함께 특히 전통축제에 관심이 적었던 청소년층과 젊은 세대까지 흡수함으로서 관객층을 넓히고 이를 확산시키는 효과까지 거두고 있다.

축제는 홋카이도 대학의 한 학생이 시코쿠의 고치를 우연히 방문해 화려하게 펼쳐지는 요사코이 축제를 보고 큰 감동을 받아 이를 홋카이도에 정착시키기 위해 아이디어를 내고 노력한 것이 발단이 되었다. 이를 구체화하기 위해 1991년 8월, 100명 이상의 학생이 함께 모여 예비행사를 시작했고, 다음 해인 1992년 6월, "거리는 무대다"라는 슬로건을 가지고 10팀 1000여 명의 퍼레이드 참가자와 20만 명의 관객이 참가한 가운데 정식으로 제1회 대회가 개최되었다. 이후 빠른 성장을 거듭하며 발전을 지속해오다가 2003년 제12회 대회는 퍼레이드 참가자 330팀, 4만 4000여 명이 참가했고 관객 수는 202만여 명을 넘었다. 그리고 2008년도 제17회 대회에는 퍼레이드 참가자는 330팀, 3만 3000여 명이 참가했고, 202만여 명의 관객이 참가하여 245억 엔의 경제 효과를 거두었다.[11]

대형 축제로 자리 잡게 된 소란 축제의 축제 기간에는 삿포로의 어느 곳을 가더라도 축제의 열기와 분위기를 느낄 수 있을 정도로 도시 전체가 축제에 빠져 있으며, 이제는 삿포로 눈축제에 버금가는 수준으로 발전했다. 홋카이도 전통음악인 소란 부시에 장단을 맞추며 나루코를 이용해 현대적인 춤사위를 자유롭게 구성하며 다양한 프로그램을 연출·진행하는 것이 특징이다.

요사코이 축제에 이용되는 음악은 본 요사코이 음악의 기본 틀에 각 팀마다 개성을 살려 변화를 시도하거나 편곡을 더하는 경우도 있고, 때로는 직접 작곡하는 곡도 많이 등장하고 있다. 또 여기에는 삼바를 비롯한 팝, 록, 플라멩코 등 다양한 장르가 이용되고 있다.

---

11 요사코이 소란 축제 홈페이지(http://www.yosakoi-soran.jp) 참조.

축제에 참여하는 각 팀마다 독창적인 주제를 가지고 춤을 추며, 축제조직위원회도 매년 변화를 주고 강조점을 달리한다. 퍼레이드 참가 팀에게는 기본적으로 의상과 안무 등을 종합적으로 평가해 다양한 상을 주게 되는데, 특이한 상은 웃는 얼굴이 멋있는 팀에게 주는 상이다. 이것은 관객과의 호흡을 중시하고 만족도를 높이기 위한 것으로 재미있는 아이디어로 평가되고 있다.

매년 6월에 개최하는 이 축제는 요사코이 소란 축제 조직위원회에서 주최하며, 여러 신문사, 방송사와 공동 개최하고 있다. 오도리 공원을 비롯한 삿포로 주변 지역을 중심으로 다양한 프로그램을 선보이고 있다. 또한 먼 곳에 거주하는 관객들을 위해 히타가日高, 히야마桧山, 도카치十勝 등의 지역에 유사 축제를 함께 개최하고 있다.

축제가 열리는 6월 초순, 일본 최북단에 위치하고 있는 홋카이도는 따듯한 날씨가 시작되며 활동이 왕성해지는 시기이다. 축제는 이때에 맞춰 대개 6월 초순부터 5일 동안 개최되며, 삿포로 시내 20여 곳을 중심으로 열리고 있다. 이 가운데 주 무대인 오도리 공연장을 제외하면 대부분 오픈 스테이지나 거리, 광장 등을 활용한 개방된 장소이다.

보통 40~150명으로 구성되는 퍼레이드 참가 팀 외에도 '오도리 스퀘어'에서 당일 즉석에서 참가가 가능하다. 향후 홋카이도 소란 축제는 브라질의 리우 카니발에 버금가는 세계적인 축제로 발돋움하는 것을 목표로 하고 있다.

현재 요사코이 소란 축제에서 파생된 축제는 전국에서 여러 형태로 발전을 거듭하고 있다. 홋카이도 외에도 유서 깊은 도시인 가나자와金沢에서 가나자와 성을 무대로 요사코이 소란 축제가 열리고 있다. 팀별로 각양각색의 의상을 하고 자신만의 창작적인 춤을 선보이며, 중간에 "소란~ 소란~"

이라는 후렴구를 넣으면서 흥을 돋운다.

원래는 삿포로 지역의 대표 축제였던 것이 지역 활성화와 해당 지역의 이미지 제고를 위해 각 지역별로 여러 변형된 형태로 자생하면서 지속적인 발전을 추구하고 있다. 보통 여름 축제의 후원 기관으로 맥주회사가 주류를 이루는 것처럼, 이곳도 아사히 맥주가 핵심적인 후원 단체로 나서면서 다양한 프로모션 활동을 전개하고 있다. 축제가 진행되는 본 회장을 중심으로 집객력이 높은 장소에는 관객의 시선을 자극하기 위한 후원이나 협찬기관의 인쇄광고를 비롯한 각종 배너와 현수막, 포스터, POP광고, 옥외광고 등이 게재되거나 설치되어 메시지 전달 효과를 거두고 있다.

(2) 소란 축제의 조직 구성과 경제적 기반

요사코이는 처음 아마추어 학생조직으로부터 출발했는데, 그 후 학생과 상가번영회가 중심이 되어 운영되었고, 1998년 제7회 대회부터는 축제조직위원회가 구성되어 운영을 담당하고 있다. 축제조직위원회는 비영리 민간단체의 성격을 띠고 있으며, 평소 7명의 직원이 상근하면서 통상적인 업무에 임하고 있다.

행정기관은 원칙적으로 축제에 관여하지 않고, 행정적인 협조만 담당하고 있으며, 대부분의 축제 운영은 시민들의 자발적인 참여에 의해 주도된다. 축제의 성공에 따른 지역주민의 참여 의식은 매우 높아서 자원봉사자로 메인 무대에만 100명의 대학생이 봉사에 나서고 있으며, 시내 25개의 무대는 4000명의 시민으로 구성된 자원봉사자가 주도적으로 운영한다. 그 외 경찰 1500명, 사설 경비원 1500명 등 총 7000여 명이 이 축제의 완성도를 높이기 위해 적극적으로 나서고 있다.

요사코이의 핵심은 무엇보다 춤사위를 통한 경연 프로그램에 있다. 따라

〈사진 6-7〉 요사코이 소란 축제

군무 콘테스트

서 팀의 협력을 바탕으로 하는 연행演行(이벤트 프로그램이나 퍼포먼스를 연출하거나 표현함) 조직은 매우 중요한 의미를 가지는데, 퍼레이드 콘테스트에 참가하는 댄스 팀인 오도리코타이踊子隊에 의해 구성된다. 오도리코타이는 기본적으로 한 팀당 인원이 40~150명 단위로 결성되며 평균 100명 내외이다. 그 밖에 당일 즉흥으로 댄스에 참가하는 와오도리輪踊り(퍼레이드가 다 끝나면 관객과 함께 춤추는 난이도가 약한 춤사위), 대단위 댄스 팀인 소란 일루전Soran Illusion(1만 명 이상의 경연 팀과 와오도리 팀이 함께 펼치는 초대형 퍼레이드) 등이 있다.

댄스 참가 팀은 크게 주니어 팀, 일반 팀, 기업 팀으로 나뉜다. 주니어 팀은 청소년이 주축을 이루는 팀이고, 일반 팀과 기업 팀은 중·장년층이 중심이 되고 있다. 주니어 팀을 제외한 나머지 팀은 주로 직업과 취미, 지연과

학연 등을 매개로 결성한 팀으로서 특정 기업의 후원 여부에 따라서 일반 팀과 기업 팀으로 나누어진다. 각 팀은 그 성격에 따라 경연에 참가하는 비용을 차등적으로 지불하고 퍼레이드에 동원되는 장식차인 지카타샤와 의상, 깃발 등의 소품에서 일정한 제한을 받게 되지만, 그 밖의 다른 규제는 없다. 참가비는 주니어 팀 4만 엔, 일반 팀 15만 엔(단, 홋카이도 밖에서 참가하는 팀은 10만 엔), 기업 팀은 25만 엔이다.

각 팀은 자체적으로 회원을 모집해 운영하며 연출이나 의상, 안무, 음악 등을 담당하는 전문요원을 두고 있다. 보통 참가 팀은 연중 일정한 프로그램에 의해 운영되고 있지만, 본격적인 활동은 경연 프로그램의 연습을 위해 축제 개막 3~6개월 전부터 진행된다.

축제 전체의 연행 구성은 스테이지 공연을 비롯해 퍼레이드, 와오도리, 소란 일루전 등으로 이루어진다. 특히 와오도리와 소란 일루전은 춤추는 사람뿐만 아니라 관객에게도 만족감을 줄 수 있도록 요사코이 춤을 체험할 수 있는 기회를 제공하는 면에서 의미가 크다. 이 가운데 콘테스트의 대상이 되는 종목은 스테이지 공연과 퍼레이드 부문이고, 나머지는 별도의 경연 없이 자유롭게 진행된다.

경연에 참가한 팀의 공연 스케줄과 장소는 조직위원회에서 추첨을 통해 정하는데, 삿포로 중심가의 전 지역을 축제의 공간으로 활용하려는 의도에 따라, 축제의 분위기를 고조시키고 관객의 적극적인 참여를 유도하기 위해 다양한 프로그램을 가능한 넓게 분산시켜 운영의 묘를 꾀하고 있다.

본격적인 경연이 벌어지는 곳은 오도리 공원을 중심으로 남북으로 뻗은 3.4km의 메인 거리이다. 거리의 한쪽으로는 도합 1만 6000석의 유료 좌석이 계단식으로 설치되어 있고, 반대쪽은 자유롭게 관람할 수 있도록 개방되어 있다. 경연에 대한 평가를 담당하는 심사위원들은 각 지부의 간부들과 지역 언론사의 기자들로 구성된다. 이들이 총 14개의 예선 통과 팀을 선정하고, 나머지 한 팀은 관중들의 투표에 의해 결정한다.

예선을 통과한 팀은 축제의 마지막 날 저녁 특설 무대에서 결승 경연을 펼친다. 가장 높은 점수를 획득한 한 팀에게는 우수상, 나머지 팀에게는 장려상이 수여된다. 상장과 트로피 이외에 상금이나 상품은 없으며, 다음 해의 전야제에서 공연할 자격이 주어진다.

경연의 내용은 요사코이 춤이다. 춤의 형식에는 제한이 없지만 홋카이도의 전통음악인 소란 부시가 반드시 반주 음악에 삽입되어야 하고, 전통 타악기인 나루코를 이용해야 한다. 의상은 핫피法衣[12]를 기본으로 하지만, 강요하지는 않는다. 한편 공연 시간은 총 4분 30초로 제한되어 있고, 퍼레이드의 경우 전체 길이가 100분을 넘지 않아야 한다. 이와 같은 최소한의 규정을 지킨다면 각 팀별로 어떠한 분장과 의상을 착용하거나 춤을 도입하더라도 상관없으며 음악에 대한 다른 제한은 없다.

이와 같이 규정을 최소화하고 창작의 자유를 최대로 보장하는 요사코이의 이념 때문에 남녀노소 가리지 않고 특히 젊은 층과 여성들에게 폭발적인 인기를 얻고 있으며 이들이 축제를 이끌어가는 원동력이 되고 있다.

한편 조직위원회에서는 경연 프로그램의 수준을 높이고 지속적인 관객의 흥미와 관심을 유도하기 위해 축제와 연행의 수준 향상을 위한 노력을 계속하고 있다. 무대연출의 전문성을 높이기 위해 분장, 춤사위, 복장, 음악, 연출에 이르기까지 각 분야의 전문가를 초청하여 소란 아카데미를 개최하고 있으며 앞으로 세계적인 무대연출가를 초청할 계획이다.

---

12 원래는 불교의 법의나 승복을 뜻하지만, 이를 바탕으로 다양한 형태로 디자인이 변형되었다.

또한 경연 팀의 의상을 주관하는 패션 분야의 담당자를 위해 세계적인 디자이너들이 참가하는 요사코이 컬렉션을 열었으며, 다양한 프로그램을 운영하며 음악 프로듀서를 양성하고 있다. 그뿐만 아니라 타성에 젖지 않고 끊임없이 새로운 도전을 시도할 수 있도록 각 분야의 담당자들을 브라질의 리우 카니발을 비롯한 세계 유명 축제들의 현장에 파견해 벤치마킹할 수 있는 기회를 수시로 제공하고 있다.

현재 소란 축제의 경제적 효과는 약 206억 4500만 엔(2060억 원) 정도로 추산되며, 이곳 사람들이 갖게 되는 지역에 대한 자긍심과 일체감(유대감), 참여 의식 등의 사회적 효과는 기대 이상으로 나타나고 있다.

이 축제에 소요되는 예산은 총 2억 5000만 엔 정도이다. 예산은 경연 팀 참가비 15~20%, 입장료 수입 20%(특별 스테이지 1000엔, 퍼레이드 스테이지 2000엔), 캐릭터 라이선스 사업과 상품 판매(25%), 방영권(15%), 작곡, 의상, 무대장치를 담당하는 참여업체 부담(10%), 그 밖의 비용은 기업의 협찬 등으로 조달한다.

춤을 추는 경연 팀 또한 자비로 참가하는데, 일반인은 1인당 평균 2만 8000엔, 중학생 이상은 최소한 1000엔의 비용이 든다. 이것은 수익성을 극대화하려는 주최 측의 방침이며, 이러한 원칙은 여러 곳에서 예외 없이 적용된다. 관객들도 특별히 마련된 좌석을 이용하기 위해 요금을 지불해야 하며, 취재를 담당하는 언론사나 캐릭터 상품 판매자도 일정한 사용료를 지불한다.

한편, 대부분의 비용을 행정관청에서 지원받는 한국과는 달리 요사코이는 관의 예산 지원은 받지 않고 그 대신 행정적인 지원만을 받고 있다. 예를 들어 축제 기간 교통 통제와 질서 유지를 소속 관청에서 주도적으로 담당한다. 이를 통해 전체 비용의 95%까지 자립화에 성공하고 있으며, 행정

〈사진 6-8〉 요사코이 축제의 캐릭터 상품

안내 카탈로그

기관으로부터 지급되는 지원금은 단지 1%에 지나지 않는다. 축제에 사용되는 지출 내역을 살펴보면, 공연 관련 설비 30%, 경비 10%, 인건비 15%이고, 나머지는 초청팀 보조, 편의시설 마련 등에 지불된다.

요사코이의 경제적 기반을 살펴볼 때, 또 하나 주목할 수 있는 것은 '요사넷Yosanet'이다. 요사넷은 2001년에 지역 상공인들이 출자해 만든 회사로서 주로 이 지역의 특산물을 인터넷을 통해 판매하며 수익을 올리고 있으며, 축제의 광고 업무를 담당하고 축제에 대한 재정 등의 지원을 맡고 있다. 조직위원회는 기본적으로 비영리 활동을 근간으로 하는 민간 비영리조직이므로 영리사업을 할 수 없고 매년 축제에서 발생하는 수입은 축제에 전액 투자하는 것을 원칙으로 하고 있다.

요사넷의 2002년 수입은 1억 5000만 엔으로서 이 가운데 10%를 조직위원회의 운영비로 배당했다. 조직위원회에서는 향후 요사넷의 활성화를 통해 기업이나 조직 단체의 협찬을 완전히 배제하고 예산의 100%를 자체 조

달하는 목표를 갖고 있다.[13]

(3) 요사코이 소란 축제의 시사점

요사코이 축제는 고치를 중심으로 전통축제의 형태로 출발했지만, 축제 형식에서 비교적 제한이 적다는 장점 때문에 전국적인 확산과 대중화·현대화에 성공했다. 젊은 층의 기호를 충족시키고 관객의 참여와 호응을 높이는 프로그램을 대폭 수용함에 따라 빠른 속도로 성장하고 있으며, 많은 도시는 이를 이용해 지역경제의 활성화와 이미지 제고 효과를 극대화시키고 있다. 대표적인 사례로 홋카이도 소란 축제를 들 수 있는데 한국에 도움이 될 수 있는 여러 시사점을 정리하면 다음과 같다.

첫째, 지역 활성화와 이미지 향상 등과 같은 경제적·사회문화적인 효과를 가져온 전형적인 사례이다. 축제를 계기로 삿포로의 지역경제를 다시 활성화시킨 원동력이 되었을 뿐만 아니라, 세계 3대 축제의 하나인 삿포로 눈축제의 뒤를 잇는 대형 축제로 자리 잡게 되었다. 삿포로 눈축제는 매년 적설량이 가장 많은 2월에 열리며 해외로부터도 인지도가 아주 높은 삿포로를 대표하는 축제이다. 사실 삿포로는 추운 겨울에 개최되는 눈축제가 끝나면 이렇다 할 축제가 없었는데, 1991년 따뜻한 시기에 열리는 소란 축제가 성공하면서 상호 보완적인 관계를 활용한 시너지 효과를 기대할 수 있게 되었다.

둘째, 소란 축제는 고치의 요사코이를 벤치마킹해서 시작되었으나, 삿포로의 지역문화와의 조화 속에 새로운 시대적 변화를 훌륭히 반영시켜 현대

---

13 한양명, 「요사코이 소란축제를 통해 본 지역축제의 성공 요인」, ≪비교민속학≫, 제28집(2005), 457~484쪽.

적인 감각의 독자적인 축제의 형태로 발전시켰다. 이로 인해 시민들의 유대감과 귀속성이 높아지면서 적극적이고 자발적인 참여가 가능해져 축제의 운영이 원활해졌으며, 다른 축제에 비해 그동안 소외된 유소년층, 젊은 층, 여성층이 선호하는 축제로 성장했다. 이것이 연행 조직의 활성화시켜 메인 프로그램인 퍼레이드 프로그램의 질을 향상시키는 계기가 되었고 축제의 완성도와 활력을 불어넣게 되었다.

셋째, 관객과 참가 팀, 축제 진행자 모두가 만족하는 개방형 축제를 표방하고 있다. 소란 축제는 요사코이 춤의 표현 방식에서 소란 부시를 반주 음악에 삽입하거나 전통 타악기인 나루코를 이용해 안무를 구사하는 등의 몇 가지 제한을 두고 있지만, 나머지에서는 자율성을 보장하고 있다. 댄스 주제를 비롯한 분장, 의상, 음악의 장르 등을 자유롭게 선택할 수 있다. 이와 같이 개방성을 내세우는 요사코이의 이념 때문에 남녀노소 가리지 않고 특히 젊은 층과 여성들에게 많은 인기를 얻고 있으며, 전국으로 빠르게 확산되고 있다.

넷째, 수익성을 강화하는 축제를 지향하고 있다. 소란 축제는 무엇보다 경제적인 이익을 우선시하는 축제를 표방하고 있으며, 이를 위해 다양한 시도를 하고 있다. 먼저 춤을 추는 경연 팀도 자비로 참가하고, 관객들도 특별히 마련된 좌석을 이용하기 위해 요금을 지불해야 하며, 취재를 담당하는 언론사나 캐릭터 상품 판매자도 일정한 사용료를 지불한다. 이것은 수익성을 극대화하려는 주최 측의 방침이며, 이러한 원칙은 여러 곳에서 예외 없이 적용된다. 그 결과 전체 비용의 90% 이상까지 자립화에 성공하고 있으며, 지역 상공인들이 출자해 만든 '요사넷'을 통해 효율적인 운영이 가능하며 수익성을 향상시키고 있다.

다섯째, 축제의 발전을 위한 지속적으로 노력을 기울이고 있다. 매년 소란 축제에 대한 기대와 관심이 높아지면서 조직위원회는 향후 일본의 리우 카니발에 버금가는 세계적인 축제가 되는 것을 목표로 하고 있다. 이를 위해 축제 담당자나 공연기획자들이 세계 유명 축제들을 벤치마킹할 수 있도록 기회를 제공하고 있으며, 프로그램의 질과 완성도를 높이기 위해 디자인 컬렉션을 개최하고 소란 아카데미를 운영해 전문가를 양성하고 있다.

3) 사카도 요사코이 축제

(1) 사카도 요사코이 축제의 연혁

'사람과 거리가 생기 있고 빛나는 지역 만들기'라는 슬로건을 내세우며 시작한 사카도坂戸 요사코이 축제는 해당 지역의 자치 행정 25주년을 기념하기 위해 2001년에 처음으로 개최되었다. 제1회 대회의 참가 팀은 67개 팀, 4600여 명의 댄스 팀, 그리고 약 12만 명의 관객이 참가해 이 지역에 대한 인지도를 향상시키고 이미지를 개선하는 등 대외적인 홍보에 도움이 되었다.

사카도 시는 수도인 도쿄에서 멀지 않은 사이타마埼玉 현에 소속된 작은 도시로 지역 활성화를 위해 많은 정성을 쏟고 있다. 요사코이 축제가 10여 년 동안 계속해서 진행되면서 도시에 활기를 불어넣는 원동력이 되었으며 문화로서 정착되고 있다. 향후에도 축제의 효율적인 운영 및 관리 그리고 적극적인 홍보활동을 통해 전국적인 축제로 발돋움하기 위해서 노력하고 있다.

매년 8월 셋째 토요일과 일요일 양일간 개최되며, 2005년 제5회 대회부터는 전야제를 별도로 실시하는 등 해를 거듭할수록 규모를 확대하면서 주민의 관심을 고조시키고 있으며 외부로부터 많은 주목을 받고 있다. 개최 장소는 사카도 시의 문화회관을 중심으로 전개되며, 공식 행사인 퍼레이드는 문화회관에서부터 사카도 역 북쪽 입구坂戸駅 北口를 지나게 된다.

4) 한국의 요사코이 축제 사례

한편, 일본의 요사코이는 한국에서도 여러 가지 형태로 소개되고 있다. 여기에는 일본과의 교류도시나 자매도시로 국제 문화 협력 관계를 발전시키면서 해당 도시의 축제에 친선과 교류를 위해 참가하거나, 해당 축제의 볼거리를 제공하려는 차원에서 특별 프로그램으로 참여하는 방식이 대부분을 차지하고 있다. 대표적인 사례를 소개하면 다음과 같다.

2007년 제38회 익산의 서동축제에서는 일본 고치 현 요사코이 축제 팀인 슈가앤Sugaren이 참가해 일본 전통의 화려하고 힘찬 율동을 선보였다. 요사코이는 서동요 축제와 같이 일본 전통의 문화와 민속을 소재로 하는 축제이기 때문에, 서동축제의 특별 행사로 초청되어 의미를 부여했다. 본질적으로 익산은 노래가 중심이고, 요사코이는 춤이 중심이 되는 축제라고 할 수 있는데, 문화의 국제 교류를 통해 인지도가 확산되면서 이 축제를 즐기기 위해 일본 각지에서 많은 사람들이 익산을 방문했다.[14]

또한 2012년에 제주시에서 개최된 제3회 힐링 명상 페스티벌에서는 개막식 공연에 특별 프로그램의 하나로 일본 전통춤인 요사코이를 역동적으로 펼쳤다.[15]

---

14 "'서동축제 2007' 지역축제 수준 향상 이끌며 막 내려", ≪연합뉴스≫, 2007년 10월 29일 자.

15 "역동적인 일본 요사코이 공연: 제주국학원, 12일~14일 제3회 힐링명상 페스티벌 성황리 열려", ≪브레인 월드미디어≫, 2012년 10월 17일 자.

경기도 파주시 파주 장단콩 축제에서는 일본 교류도시가 축제의 성공을 축하하고 국제교류의 기틀을 다지기 위해 문화행사 프로그램을 지원했다. 2013년 11월 22일부터 3일간 임진각 광장에서 열린 이 축제는 '웰빙' 축제를 표방하며 청정 환경에서 자라는 장단콩을 지역사업으로 육성하기 위해 시작되었다. 이를 지원하고 홍보하기 위해 다채로운 이벤트 프로그램을 실시하고 있지만, 특히 눈길을 사로잡고 있는 것은 일본 교류도시의 문화 이벤트라 할 수 있다.

먼저 일본 사세보 시佐世保市에서는 요사코이 공연단 '가나타奏多'를 파견했다. 공연단은 축제 개막식 식후 공연에서 요사코이 춤을 선보였으며 볼거리를 제공하고 일본 전통문화를 알렸다. 사세보 시는 2008년 파주시와 국제친선도시를 체결했으며 그 후, 더욱 실질적이고 긴밀한 교류협력을 위한 파트너로서 자매도시로 격상된 바 있다.

이와 더불어 예전부터 담배의 재배지로 유명한 일본 가나가와 현神奈川県 하다노 시秦野市에서는 대회 기간 해당 도시의 홍보 부스를 운영해 60여 종의 특산품 홍보에 적극 참여했으며, 지역산업 축제인 타바코煙草(담배) 축제를 함께 개최하고 있다.[16]

5) 역동성 · 에너지의 발산과 매력: 오키나와 에이사 축제

일본의 여름을 상징하는 이벤트는 역시 불꽃놀이와 마츠리이다. 특히 일본은 한국의 추석에 해당하는 오본 기간에 축제를 즐기며 각 지역별로 특색 있는 본오도리를 추는데, 에이사는 오키나와를 대표하는 본오도리이다.

---

16 "2013 파주장단콩축제 일본 교류도시 총출동", ≪연합뉴스≫, 2013년 11월 26일 자.

오키나와는 에이사 축제 외에도 자연경관 및 관광 문화 자원이 매우 풍부한 곳이다.

일본열도의 가장 남쪽에 위치한 오키나와는 크고 작은 섬 100여 개로 구성되어 있으며, 주변의 섬에는 200종류 이상의 산호가 생식하고 있는, 세계에서 산호초의 다양성이 제일 풍부한 지역이다. 일본의 다른 지역과는 다른 오키나와 특유의 동식물이 많으며 천연기념물을 비롯한 귀중한 생물들이 생식하고 있다. 15~19세기 중반까지 '류큐 왕국琉球王国'이라 불리는 독자적인 왕조를 건설해 발전을 추구했고, 동서양의 활발한 교류를 통해 독자적이면서도 다양한 문화를 형성했다.

선홍색의 의상을 입은 여성이 연인을 사모하는 감정을 표현하며 우아하게 추는 '류큐 무용'과 다양한 색채의 털을 가진 사자가 추는 '시시獅子 춤', 웅장한 북소리와 일본 전통 현악기의 반주에 맞춰 집단으로 춤을 추는 '에이사' 등이 유명하다.[17]

한편, 오키나와 월드Okinawa World는 오키나와 남부에 위치한 이 지역 최대 규모의 테마파크이다. 한국의 민속촌에 해당하는 류큐무라琉球村는 오키나와 각지의 100년에서 200년 이상 된 민가들을 모아 만든 민속마을로 옛 정취를 그대로 느끼며 지역 전통문화를 보고 듣고, 직접 체험할 수 있는 곳이다. 내부에는 전통문화와 관련된 각종 어트랙션이 있고 도자기, 염색, 다도 등 특색 있는 프로그램에 참여할 수 있다. 그 밖의 각종 어트랙션과 볼거리가 풍부하며, 캐릭터 숍과 레스토랑 등도 주제에 맞게 잘 갖춰져 있다.[18]

또 주변의 하브[19] 박물공원ハブ博物公園에서는 하브 쇼를 관람할 수 있으

---

17 "따뜻한 겨울·극한의 겨울: 日의 양극단을 가다", ≪조선일보≫, 2013년 11월 27일 자.

18 "아시아 최대의 종유동굴, 오키나와 옥천동굴", ≪조선일보≫, 2013년 4월 21일 자.

며, 열대과일 농원熱帯フルーツ園을 통해 각종 체험 관광을 즐길 수 있다. 그리고 석회암 동굴인 교쿠센도玉泉洞에서는 천연 동굴과 종유석 등 자연 풍광의 아름다움을 경험할 수 있다.

(1) 오키나와 에이사 축제의 개요 및 발전 과정

오키나와의 오본오도리お盆踊り에 해당하는 에이사는 음력 7월 15일에 염불을 외면서 전통악기의 장단에 맞추어 춤을 추는 전통적인 지역문화축제이다. 젊은 연령층의 참가자가 마을에서 춤을 추며 주변을 순회하고, 조상들의 영혼을 기리면서 각 집안의 무병장수와 가내 안정과 번창을 기원한다.

지역에 따라서는 명칭을 달리해 야이사ヤイサ, 엔사エンサ, 시치구와치모이七月舞라고도 불리고 있다. 에이사 축제는 특히 전통 북을 이용하여 춤을 추며 단체로 팀을 구성하며 퍼레이드를 진행하는데, 최근에는 북을 이용하는 형식과 춤의 형태, 음악 등을 다양하게 변형시켜 관객에게 볼거리를 제공하고 있다. 오늘날에는 독특한 축제의 진행 방식과 차별화된 프로그램 때문에 전국적으로 보급·확산되고 있으며, 오키나와를 대표하는 축제로 발전하고 있다.

한국의 추석과 같은 오키나와의 오본은 음력 7월 13일부터 15일으로, 이 기간에 때맞춰 에이사의 여러 축제 프로그램이 진행된다. 행사의 첫날인 13일은 '운케ウンケー'라고 하는데 조상의 혼령을 맞이한다는 의미이며 각종 의식이 진행된다. 14일은 '나카누히中日', 마지막 날인 15일은 '우케이ウークイ'라고 하며 가족과 친척이 모여 조상님을 배웅하는 프로그램이 진행된다.

본래 에이사는 조상님을 저세상으로 배웅하기 위한 15일 밤이 메인 행사

---

19 하브는 오키나와에 서식하는 독성이 강한 뱀을 가리킨다.

에이사 축제에 사용되는 소재나 소품

에이사의 퍼레이드는 기본적으로는 샤미센과 같은 전통악기로 반주를 하면서 북과 전통 민요인 지우타이(地謡)와 함께 원형을 그리며 춤을 추고 행진하는 것이다. 젊은 층으로 구성된 참가 팀은 한 팀당 수십 명으로 편성되며, 큰북인 오다이코는 7~8명, 중간 북인 시메다이코 또는 작은북인 파란쿠는 20여 명으로 구성된다. 이와 함께 별도의 두 사람은 특이한 복장을 하고 익살스러운 역할을 담당한다.

· **하타가시라**(旗頭)
축제에 사용되는 깃발 장식물을 가리킨다. 깃발의 윗부분을 서로 부딪치거나 마주하면서 각기 다른 연기로 분위기를 고양시킨다.

· **쓰나히키**(綱引き)
오키나와에는 쓰나히키라고 하는 전통 줄다리기 행사가 있다. 행사를 진행하기 위한 소품의 하나로 줄다리기를 진행하기 위해 물건에 밧줄을 걸어 당기거나 밧줄을 매고 앞에서 끌게 된다. 쓰나히키는 600년 전 오키나와의 옛 왕조였던 류큐 왕국 시절, 그 당시 수도인 슈리(首里)를 중심으로 하여 불행을 막고 액을 막기 위한 행사로 시작되었다. 현재도 액을 막고 농작물의 풍성한 수확을 기원하기 위해 계승·발전되고 있으며, 매년 음력 6월에 쓰나히키 축제를 개최하고 있다.

· **시메다이코**(締太鼓)
북의 무게를 이용한 반동의 힘으로 춤의 동작을 표현할 때 활용되는 것이 특징이다. 주로 커다란 동작이나 몸짓을 취하는 데 동원되며, 오키나와 현에 있는 가테나(嘉手納) 마을의 에이사가 기원이다.

· **파란쿠**(パーランクー)
작고 평평한 외형을 가진 북으로 건조한 느낌의 소리가 나는 것이 특징이다. 주로 징 등을 치면서 염불에 가락을 붙여 춤을 추는 넨부쓰오도리에서 아쉬워하는 감정을 표현할 때 사용한다.

· **오다이코**(大太鼓)
음의 강약과 높고 낮음을 표현할 때 사용된다. 큰북을 회전시키며 춤과 동작을 구사해야 하기 때문에 체격과 힘이 좋은 사람이 담당하는 것이 보통이다.

· **데오도리**(手踊り)
손짓만으로 추는 춤을 가리키는데, 보통 도구를 들지 않고 맨손으로 춤을 추며 같은 손짓으로 반복한다. 북을 치며 퍼레이드를 진행하는 참가 팀의 행렬 뒤편에 서서 소품에 의지하지 않고 손짓만으로 구성된 춤을 추면서 볼거리를 제공한다. 축제의 성격에 따라서는 남성으로 구성된 데오도리 참가 팀도 있다.

· **촌다라**(京太郎)
17~19세기 오키나와 각지를 돌아다녔던 광대나 예능 계통 종사자를 말한다. 주로 정처 없이 순회하면서 사람이 거주하는 인가의 문 앞에 서서 음악을 연주하거나 연기를 하며 생활하던 광대가 많았다. 관객에게 재미와 볼거리를 제공하고 축제의 분위기를 띄우기 위해 외떡잎식물인 파초(芭蕉)의 섬유로 짠 전통의상을 입고 종려나무로 만든 가발을 쓰며, 익살스러운 흰색의 분장으로 행사에 참여한다.

· **지우타이**(地謡)
노래와 전통 현악기 산신에 의해 구성되는 전래 가요로서, 노래에 소질이 있는 사람을 선출해 역할을 부여한다. 전통 예능인 노(能)에서 요쿄쿠(謡曲)의 설명 부분을 여러 사람이 부르게 된다. 옛날에는 넨부쓰우타(念仏歌)가 중심이 되었지만, 근래에 와서는 일반적인 민요의 형태를 갖추고 있다. 산신은 샤미센과 모양은 비슷하지만 몸통의 테두리가 둥글고 전체적으로 약간 작다. 오키나와에서는 현악기를 켤 때 사용하는 커다란 손가락 모양의 가조각(仮爪角)을 집게손가락에 끼우고 연주한다.
또한 민요와 비슷한 형태인 노가쿠(能楽)는 무로마치 시대에 집대성된 일본 고유의 가면극으로 교겐(狂言)으로 지칭하기도 한다. 본래 관객에게 웃음을 주기 위한 대사 중심인 사루가쿠(猿楽)와 노래나 춤이 없이 대사와 동작만으로 구성되는 가하쿠게키(科白劇)의 형태를 갖추며 전승되었다. 메이지 시대 이후에는 사루가쿠의 명칭은 사라지고 노가쿠로 이름이 단일화되었다.

· **가차시**(カチャーシー)
오키나와를 대표하는 데오도리를 지칭한다. 이 지방의 방언으로 팔을 마음대로 휘젓거나 휘두르는 것을 '가차슨'이라 말하는데, 산신을 빠르게 연주하면 이에 맞춰 손으로 일정한 동작을 취하거나 바닥을 발로 디디면서 소리를 내고 춤을 춘다. 이 지방에서는 평소 결혼식이나 축제에 빠지지 않고 자주 볼 수 있는 춤이기도 하다.

· **넨부쓰오도리**(念仏踊)
징 등을 치면서 염불에 가락을 붙여 추는 춤이다.

로서의 성격이 강하며 축제의 최고 하이라이트는 역시 조상신을 보내기 위해 활기차게 구사하는 춤이라 할 수 있다. 따라서 축제가 끝날 때쯤에는 마을의 젊은이들이 모여 춤을 추면서 마을 곳곳을 누빈다.

에이사라는 호칭은 염불가念仏歌(염불 같은 곡조를 붙여 부르던 노래)의 한 부분인 "에이사, 에이사"라고 하는 가사에서 유래되었다. 오본의 마지막 날

밤, 각 마을의 신을 모시는 신당이나 마을회관의 마당에서 청년회를 중심으로 행사에 참가하기 위한 팀원이 모인다. 정령精靈에 대한 공양의 의미와, 조상들이 외롭지 않게 흥겹게 저승으로 보내거나 사람들이 무병하고 건강하게 지낼 수 있도록 안녕을 기원하기 위해 각 지역의 청년회가 중심이 되어 에이사 춤을 추면서 마을을 순회한다.

1603년 류큐 왕국 시대에 정토진종淨土眞宗이 전해지면서 장의나 제사에서 염불가를 불러 영혼을 공양하게 된 것이 에이사의 원형이다. 그 후 태평양 전쟁 전후 쇼와 시대 초기에는 대중성이 강한 에이사가 축제의 대표적인 춤의 형태로 자리 잡았다. 1956년부터 시작된 '전 지역 에이사 콘테스트 대회'에서는 중부의 청년회가 중심이 되어 춤의 기교와 의상에 연구를 거듭해 큰 변화를 추구했다. 특히 여성의 손동작이 화려해진 것도 이때부터이다.

오키나와 문화를 느끼고 체험할 수 있는 에이사는 매년 오키나와 시의 관객을 포함해 30만여 명이 참가하고 있다. 다른 축제는 여러 연령층의 참가자에 의해 진행되지만, 에이사는 주로 청년들이 행사의 주축이 되는 것이 특징이다. 퍼레이드에는 큰북(오다이코)과 중간 북(시메다이코), 작은북(파란쿠) 그리고 휘파람 소리에 맞추어 박진감 있는 춤이 함께 어우러진다. 오키나와의 여러 지역에서 참여하는 축제이기 때문에 지역마다 의상이나 춤의 형태에도 조금씩 차이가 있다.

현악기인 산신三線이 어우러지면서 춤추는 사람을 이끌어나가는 전통 민요 지우타이地謡와 함께 박력 넘치는 춤과 연기, 북의 리듬이 서로 조화를 이루며 참가 팀이 행진해나가는 것이 에이사 축제의 특징이다. 그리고 여성들의 손동작에 의한 발랄한 춤인 데오도리手踊り 등으로 구성된다. 에이사 팀 분위기를 고양시키고 전체 길잡이 역할을 하는 촌다라京太郎는 초기

ちょうぎ라고도 불리며, 피에로처럼 익살맞은 분장을 위해 얼굴에 하얗게 분을 칠하고 코믹한 춤을 추면서 관객을 즐겁게 한다.

에이사의 춤의 형태는 전통악기인 산신이나 다이코를 담당하는 사람을 중심으로 그 주위를 돌면서 춤추는 원형 무용이 기본이 된다. 최근에는 종렬이나 횡렬 등 대열에 변화를 주어 다양한 춤사위를 구사해 관객을 즐겁게 하고 있다. 에이사는 보통 젊은 남녀 수십 명으로 구성되는 경우가 많다. 먼저 독특한 춤과 함께 큰북과 작은북을 이용하여 역동성을 표현하면서 댄스 참가 여성이 손을 이용해 일정한 동작을 취하며 춤을 춘다.

오키나와 최대의 에이사 축제로는 '청년 전통 에이사 축제'가 있다. 나하那覇 공항 가까이에 위치한 셀룰러 스타디움Cellular Stadium에서는 전통적인 에이사를 비롯해 어린이 에이사, 창작 에이사 등 다양한 에이사를 관람할 수 있다. 젊은이들이 북을 울리며 힘차게 춤추는 모습에서 전해지는 박진감과 박력을 현장에서 충분히 느낄 수 있다.

조상의 영을 위로하기 위해 음력 7월 15일 각 가정에서는 정령 보내기를 마친 뒤, 마을에 신을 모시는 우타키御岳 안의 공민관 마당에 모여 관련 의식이 진행된다. 우타키는 마을에 있는 신성한 숲이나 성지를 말하며 주변에는 성스럽게 여기는 나무, 돌 등이 있으며, 축제의 대부분은 이곳에서 개최된다. 가미아샤기神アシャギ 또한 옛날에 기도와 제사를 올렸던 마을 안의 신성한 장소이다.

에이사의 전승 주체는 일반 주민이 아닌 청년회이다. 따라서 모든 행사에는 청년회를 중심으로 한 젊은이들이 주축이 되어 노래를 부르거나 샤미센, 북 등의 전통악기를 연주하면서 가미아샤기 앞 아울렛몰 아시비나ashi-binaa에서 절을 한 후 원형의 진을 만들고 춤을 추며 전통 의례 및 프로그램을 선보인다.

1956년부터 지금까지 오키나와의 여러 지역에서 각각 진행해오던 에이사 축제를 통합하여 '전도全島 에이사 경연대회'가 시작되었다. 이를 기점으로 오키나와 중부 지역의 각 청년회는 관객의 눈에 잘 띄기 위해 장식물이나 북 등을 사용해 각자의 기량을 겨루며 다양한 볼거리를 추가했다. 그 후 진행상 야기될 수 있는 문제점을 보완해 경쟁이 너무 과열되지 않는 축제로 변화를 추구하면서 발전을 거듭했다. 오늘날의 전도 에이사 축제로 이행한 것은 1977년 제22회 대회부터이고, 다음 해에는 각 지역에 산재하고 있는 청년회의 연대를 통해 오키나와 시 청년단협의회가 설립되었다.

한편, 에이사 축제는 오키나와에 산재되어 있는 지역문화의 활성화를 통해 정체성을 확립한 좋은 사례이다. 전통과 언어를 비롯해 오키나와의 정체성을 환기시키는 문화 요소가 갈수록 쇠퇴하고 있는 상황에서 대다수 주민들의 전통과 문화에 대한 관심과 자긍심을 고양하고 참여를 이끌어내는 데 많은 기여를 했을 뿐만 아니라, 현대 오키나와 청년 세대에게 자신들의 문화적 정체성을 자각시키는 주요한 수단이 되고 있다.

축제 당일에 맞추어 지역 내 각지의 마을회관에서는 6월경부터 청년회를 중심으로 에이사 연습이 일찍부터 시작된다. 매년 여름 2개월 정도의 연습 기간을 거쳐 청년들은 자기 지역에서 전승되는 에이사를 습득하고, 같은 세대들 간의 유대감과 지역에 대한 소속감을 공유한다. 에이사는 연행의 주체와 상황에 따라 이러한 소규모 단위의 지역 정체성을 넘어 새롭게 오키나와 전 지역의 통합적인 정체성을 창출해가는 역할을 수행하기도 한다.

1980년대 후반 이후 에이사를 전문화하는 단체들이 속속 등장해 오키나와의 독자적인 문화를 자각하고, 이를 의도적으로 만들어가는 움직임이 나타나고 있다. 또 학교교육과 각종 의례를 통해 연행 주체가 다양화되고 저변이 확대되고 있다. 오늘날에는 단순히 문화적인 계승이라는 범주를 넘어 주변 지역의 관광지나 테마파크와 연계해 시너지 효과를 창출하는 것은 물론, 일본 전 지역에 변형된 형태로 확산되어 새로운 변화를 맞이하고 있다. 이를 통해 에이사는 다른 지역과 구별되는 오키나와만의 정체성과 문화적 독창성을 인식하게 만드는 문화적 도구가 되고 있다.[20]

이러한 에이사의 계승과 확산의 활발한 움직임은 오키나와의 전통문화, 언어, 역사, 관광에 이르기까지 여러 영역에서 차별화된 문화적 콘텐츠로 자리매김하는 데 도움이 되었을 뿐만 아니라, 독자적인 이미지 창출에 기여해 지역 활성화를 위한 자산으로 발전하고 있다.

한편 에이사가 전국적인 축제로 확산되는 원동력에는 이 같은 주민의 적극적인 참여 의지와 연행 주체로서의 자각이 뒷받침되었다. 또한 7월 중순부터 10월까지 각 지역에서 다양한 에이사 관련 행사가 개최된다. 지역마다 축제의 진행 방법은 물론, 의상이나 춤의 형식도 다양하게 나타난다. 각 지역별로 어떻게 운영되는지 해당 지역을 방문해 그 지역만의 정취를 느끼고 그곳의 에이사를 비교하는 것도 의미 있는 일이 될 것이다.

(2) 신주쿠 에이사 축제의 개요 및 발전 과정

일본에서 유동인구가 가장 많은 지역 중 한 곳인 신주쿠는 매년 상권 확대와 지역 활성화를 위해 신주쿠 에이사 축제를 개최하고 있다. 신주쿠 역 동쪽 출구新宿東口의 메인 거리인 신주쿠도리新宿通り에는 에이사 축제를 관람하기 위해 많은 사람이 모여 인산인해를 이룬다. 보통 때도 통행 인구로

---

20 진필수, 「오키나와의 전통 예능 활성화와 소수민족 정체성의 행방: 에이사(エサイー)의 사례」, ≪한국문화인류학≫, 제43권 제1호(2010), 89~128쪽.

제10회 2011 신주쿠 에이사 축제 일정 안내

주최 신주쿠 에이사 축제 대회위원회
일시 2011년 7월 30일(토)
장소 신주쿠 역 동쪽 출구 및 주변 상가

· 본 회장
행사 진행 오후 1시 30분~오후 9시
개회식 오후 1시 30분
공식 행사(낮) 오후 2시~오후 4시
댄스 퍼레이드(메인 행사)
A: ALTA 앞, B: 신주쿠 TAKANO 앞, C: Mitsukoshi 앞, D: ISETAN 앞, E: 마루이원(O1O1) 앞, F: 도쿄 도 건강플라자 hygeia

· 부 회장
공식 행사(저녁) 오후 5시~오후 7시
G: 후타바 거리, H: 가부키초 시네시티 광장, I: 모아 4번가, J: 신주쿠 역 서쪽 출구 우체국 부근, J: 오다큐 HALC 뒤

번잡한 이 거리는 축제가 열리면 뜨거운 열기를 뿜어낸다. 엄청나게 운집한 관람객으로 인해 경찰의 통제하에 행사가 진행되며, 안전을 확보하기 위해 준비된 철저한 사전 계획과 리허설이 요구되기도 한다.

에이사의 발상지인 오키나와와 비교할 때 축제의 진행 방법과 구성 면에서는 크게 다른 점을 발견하기 어렵지만, 집객력이 높은 도쿄의 가장 번화한 지역의 한복판에서 열리는 만큼 행사장의 분위기와 세부적인 진행 과정에서 묘한 차이점이 있다.

신주쿠 역 동쪽 출구 주변의 5개 상점가가 중심이 되어 매년 7월 마지막 토요일에 개최되며, 하루 동안 집중되는 축제에는 본고장 오키나와를 비롯해 구내와 인근 지역에서 1000명이나 되는 에이사 팀이 참가한다. 참가팀

은 크게 3개 부문으로 구성되는데, 오키나와 현지 참가 팀을 비롯해 신주쿠 관내 참가 팀, 그리고 초등부 참가 팀으로 편성되어 퍼레이드를 진행한다.

해를 거듭하며 신주쿠의 활기와 오키나와의 전통문화가 절묘한 조화를 이루며 새로운 문화 콘텐츠로서 자리 잡고 있다. 또 각양각색의 의상을 입은 축제 참가자들이 큰북에 맞춰 춤추는 모습과 주변의 현대화된 높은 빌딩이 묘한 조화를 이루며 분위기를 고조시킨다.

전국적으로도 유명한 이 오키나와의 전통행사가 도쿄의 번화가로 유명한 신주쿠에서 개최된다는 것은 많은 것을 의미한다. 먼저 '도시의 숲 또는 사막'과 같다고 표현할 정도로 평소 유동인구로 붐비고, 상업·소비 도시의 성향이 짙었던 이곳에 문화의 도시라는 새로운 도시 이미지를 부여하는 데 공헌했다는 것이다. 사실 과거 신주쿠는 문화와는 거리가 먼 곳으로 여겨져 왔다. 그러나 에이사 축제와 같은 전통문화축제를 도시의 중심가에서 개최함으로써 지역주민 및 타 지역의 많은 관심을 유도했고, 더구나 참여가 용이한 개방형 축제로 승화시켜 짧은 시간에 이 지역의 문화성을 창출하는 데 성공했다.

또한 지역경제 활성화에 많은 도움을 주었다. 아사쿠사 삼바축제의 사례와 마찬가지로 이곳 역시 최근 경제 침체와 유동인구의 감소로 도시의 활기를 잃고 있었다. 개방성과 문화성을 조화시킨 축제의 콘셉트와 과거 번창했던 도시에 대한 추억이 교차해 가세하면서 많은 사람의 공감을 유도하는 데 성공했고, 도시에 활기와 새로운 생명력을 불어넣기 시작했다. 이러한 사실은 축제에 참여하는 협찬·후원·협력 관계에 있는 기업에서도 쉽게 발견할 수 있다.

이렇듯 성공적인 안착을 바탕으로 개최한 지 10여 년 만에 신주쿠의 여름을 수놓는 새로운 도시 축제로 정착되었다. 도시에서 펼쳐지는 웅장한

〈사진 6-9〉 에이사 축제

퍼레이드

〈사진 6-10〉 에이사 축제

북과 군무

북소리와 역동적인 춤은 그냥 보고만 있어도 스트레스로 지친 도시인에게 새로운 활력을 불어넣기에 충분하다.

한편, 신주쿠에서는 축제 기간에 거리를 모두 통제하고 곳곳에서 신명나는 춤판이 펼쳐지는데 이처럼 도쿄의 중심에서 펼쳐지는 에너지 넘치는 신주쿠 에이사 축제는 관람객에게 늘 새로운 볼거리를 제공한다. 2011년 제10회 축제는 기념제가 아닌 동일본 대지진의 부흥 기념으로 열리기도 했다.

신주쿠 에이사 축제가 짧은 기간에 자리 잡게 된 주된 원인에는 가차시カチャーシー라는 손동작 위주의 춤에 힘입은 바가 크다. 가차시는 본래 참가팀의 퍼레이드가 진행되면서 분위기가 고조될 때, 관객이 서 있는 자세로 쉽게 따라할 수 있는 춤 동작으로, 단순한 움직임을 반복하면서 함께 흥을 돋을 수 있어 관객의 참여를 이끌어내기가 매우 쉽다.

한국의 경우도 축제의 방문객 만족도를 높게 하기 위해 관객의 참여를 유도하기 위한 다양한 프로그램을 개발하고 있는데, 간단한 스텝과 손동작에 의한 춤이 잘 개발되어 축제 참가자의 참여도를 높이는 일본 마츠리의 사례를 배울 필요가 있다. 신주쿠 에이사 축제 또한 관객이 관람 도중 손춤인 가차시를 할 수 있는 프로그램을 만들고 분위기를 잘 연출해 축제에 대한 흥미와 관심을 향상시키고, 이 때문에 만족도가 높은 축제로 평가되어 빠르게 성장하고 있다.

또한 일본 최고의 상업도시 및 번화가라는 위상에 걸맞게 축제를 경제 활성화로 연결시키려는 노력이 왕성하다. 주변에 있는 외식업, 백화점, 기타 유통업계, 숙박업계 등의 축제 협찬·후원을 위한 참여도가 매우 높으며, 특히 외식업체는 축제 기간 오키나와 향토요리를 메뉴로 개발해 상품화에 적극적으로 나서고 있다. 더불어 '에이사 축제 서비스 쿠폰'을 발매하여 프로모션을 강화하고 매출액을 늘리고 있다.

한편, 에이사 축제의 하이라이트인 댄스 팀의 퍼레이드 행사는 더위가 절정인 오후 2시에 시작된다. 7월의 마지막 토요일, 그것도 복사열 때문에 훨씬 덥게 느껴질 수밖에 없는 오후 2시에 퍼레이드를 진행하는 것은 오히려 여름 축제의 묘미를 살리기 위한 아이디어의 일환이다. 일본의 여름 축제는 대부분 더위가 절정에 이르는 7월 말~8월 초에 개최된다. 이것은 우리의 이열치열의 정서와도 부합되는 것으로, 무더위를 관객의 열기와 열정으로 승화시키며 즐거움을 배가시키려는 의도라고 할 수 있다.[21]

6) 대형 등과 퍼레이드에 의한 밤의 향연: 아오모리 네부타 마츠리[22]

일본의 가장 큰 섬 혼슈 최북단에 위치한 도호쿠 지방의 8월은 전통축제인 마츠리가 활발히 개최되는 시기다. 그중에서도 백미는 아오모리의 네부타 마츠리다. 마츠리는 본래 조상과 신들에게 바치는 제례의식에서 출발했지만, 현재는 지역을 상징하고 많은 방문객을 유치하여 경제성장에 견인차가 되는 대중화된 축제로 성격이 바뀌었다. 이처럼 전국적으로 유명한 축제에는 대기업 등 수십 곳의 스폰서가 집객력을 활용한 마케팅 효과를 위해 적극적으로 후원한다.

아오모리 현청 주변의 번화가에는 각양각색의 모습을 한 20여 개의 대형 네부타를 비롯해 크고 작은 50여 종 이상의 네부타가 등장한다. 네부타는 철사와 나무 뼈대 위에 한지로 살을 붙이고, 내부 조명으로 환하게 빛을 내는 등을 전통공예 방식으로 제작한다. 네부타의 주제는 신화, 민담, 역사

---

21 신주쿠 에이사 홈페이지(http://www.shinjuku-eisa.com) 참조.

22 네부타 마츠리 홈페이지(http://www.nebuta.or.jp) 참조.

등 자유롭게 선택할 수 있는데, 주로 액운을 쫓고 복을 기원하는 의미를 담는다.

축제에는 마을이나 학교, 직장 단위로 자신들만의 차별화된 모양의 네부타를 앞세우고 팀원들이 뒤따르면서 약 1km 구간을 3시간가량 행진하는 식으로 진행된다. 3시간 동안 북소리와 함께 선창자의 구호를 따라 외치며 흥을 돋운다. 구호에 맞춰 뛰는 토끼뜀 같은 춤도 빼놓을 수 없다. 무려 3시간 동안 모두가 혼연일체가 되어 춤을 따라 추며 축제에 몰입한다.

축제 기간은 아오모리 사람들이 1년 중 가장 열정적인 시기다. 그러나 축제의 진행에는 일본 특유의 절제가 뒤따른다. 자정을 넘기면 거리는 다시 일상으로 돌아가고, 수십만 명이 즐기고 간 자리의 뒷모습은 깨끗하게 정리된다.[23]

본래 네부타 마츠리는 칠월칠석 날 등롱을 강가에 흘려보내는 행사에서 유래되었지만 정확한 기원은 밝혀지지 않고 있다. 나라奈良 시대(710~794년)에 중국에서부터 전래된 칠월칠석과, 예전부터 일본 아오모리 지역에서 토착적으로 전해진 풍속이 결합해 탄생했다. 또한 발전 과정에서 우란분재盂蘭盆齋(음력 7월 15일에 행하는 불교 행사)의 마지막 날에 불을 피워 영혼을 전송하는 풍습 등에 영향을 받으며 오늘날의 모습으로 정착되었다.

한편 여러 신화적인 인물이나 대상물을 형상화한 네부타는 교토 지방의 기온 마츠리에 등장하는 전통 수레인 다시와 비슷한 형태를 띠고 있다. 현재와 같이 가부키歌舞伎[24] 등의 소품으로 사용된 등롱이 본격적으로 등장하게 된 것은 평민 예술이 활짝 꽃핀 근대의 일이었다.

---

23 "설국, 아오모리로 떠나는 온천 힐링여행", ≪조선일보≫, 2015년 12월 31일 자.

24 에도시대에 발달한 일본 고유의 민중 연극을 말한다.

〈사진 6-11〉 아오모리 네부타 마츠리

포스터

현재 네부타 마츠리가 일본 전국 각지에서 유사한 형태로 열리고 있지만, 특히 아키타 현 노시로 시能代市에서 개최되고 있는 네부타는 아오모리와 비슷한 형태로서 큰 차이를 발견하기 어렵고, 비슷한 모양의 네부타 수레 7~8대가 구성되어 시내를 열을 지어 행진하며 방문객의 발길을 끌고 있다.

이 여름 축제의 유래는 기원전으로 거슬러 올라간다. 악령을 물리치기 위해 네부타를 만들었고, 축제가 끝나면 네부타에 불을 붙여 강물에 흘려보내며 액땜을 하는 풍습에서 비롯되었다. 그 후 1593년 교토에서 커다란 등롱을 제작하면서 연중행사로 발전시킨 것을 시작으로 계속 이어져 내려온 아오모리 항구 축제는 1958년 아오모리 네부타 마츠리로 명칭이 변경되었으며, 1961년에는 대형으로 제작된 네부타 20대를 참가시키면서 일본 최대 퍼레이드 축제로서 오늘날에 이르고 있다.

네부타의 제작비는 보통 450만 엔에 달하는데 2010년부터는 출품작 중 좋은 평가를 받은 5개를 '네부타의 집, 와 랏세ねぶたの家 ワ·ラッセ'에서 1년간 전시하고 있다. 네부타 마츠리는 전통을 유지·보전하면서도 방문객들에게

감동을 주어 완성도와 만족도가 높은 축제로 자리 잡고 있다.

네부타가 관심의 대상이 되는 주된 원인은 일본을 대표하는 등불 축제의 전형이기 때문이다. 한국에는 진주의 남강 유등축제를 비롯해 최근에 조명받고 있는 서울 청계천의 등축제 등이 있는데, 다른 지역과의 차별화를 위한 새로운 형태의 지역축제 사례로서 등장하고 있다. 한국보다 대중화·현대화에 성공해 여러 부가가치를 창출하고 있는 아오모리의 네부타 마츠리를 잘 벤치마킹해 타산지석으로 삼았으면 한다.[25]

(1) 네부타 마츠리의 개요 및 발전 과정

네부타 마츠리는 혼슈 최북단에 위치한 아오모리 현의 대표적인 여름 전통축제이다. 또 일본을 대표하는 3대 불축제의 하나로, 일본의 중요 무형 민속 문화재로도 지정되어 있다. 매년 8월 초(8월 1~7일)에 열리는 개최 기간 중 방문하는 참가자가 약 350만 명에 이를 정도로 혼슈를 대표하는 축제라 할 수 있다.

'네부타'의 어원은 '네무타이眠たい(졸리다, 자고 싶다)'이며, 예로부터 한여름 농사철 때 찾아오는 졸음을 깨우고 액막이를 위해 강물에 등롱을 흘려보냈던 일본 도호쿠 지역의 '네무리나가시眠り流し'가 변형되어 전래되었다. 현재의 네부타는 커다란 나무나 대나무에 종이를 붙인 커다란 등롱灯籠[26]을 말한다. 네부타를 제작하고 참가하는 데에는 비용이 많이 들기 때문에, 주위의 여백이나 공간을 광고물로 활용하고 스폰서 비용을 통해서 이를 충당

25 "세계인이 즐기는 아오모리 현 네부타 마츠리", ≪투어코리아≫, 2015년 6월 1일 자.

26 나무나 금속 따위로 살을 만들어 종이나 헝겊을 씌우고 등 안에 불을 붙이게 한 기구이다.

하고 있다.

즉 대형으로 제작한 등롱과 장식물, 인형 등이 현대적 의미의 네부타인데 이것을 숙련된 참가자들이 직접 끌고 커다란 행렬을 이루어 정해진 코스를 운행하는 것이 프로그램의 중심이 된다. 경연 과정에서 매년 창의적인 장식과 모양의 네부타가 제작되어 큰 볼거리를 제공하며, 이는 전국적으로 관심을 받는 대형축제로 발전할 수 있는 계기가 되었다.

수레는 각 단체 또는 기업에서 한 달 이상 제작해 참가하며 콘테스트 방식에 의해 순위를 결정해 시상한다. 수레는 수십 명의 숙련되고 건장한 남성들이 끌며 여러 동작을 구사하면서 연출한다. 보통 높이 5~8m의 대형 네부타와 소형 네부타를 합쳐 40~50개로 구성되며, 겉 그림에는 무사武者가 자주 등장한다. 앞면은 보통 설화 속의 영웅이 묘사되어 있고, 뒷면은 요염한 미녀의 모습이 등장한다. 웅장하고 화려한 것과 무섭고 애조를 띠고 있는 디자인에 이르기까지 다양하다. 보통 흰색 유카타에 적색이나 황색의 '다스키襷(어깨 끈)'를 걸친 하네토들이 퍼레이드를 진행한다.

네부타를 실은 수레를 '다시'라고 지칭하며, 이것을 끄는 사람들을 '히키테引き手'라고 한다. 히키테들은 단순히 수레를 끄는 것이 아니고, 리더의 지휘에 맞춰 상하, 좌우로 움직이면서 운행한다. 그리고 네부타 행렬 앞뒤로 방울이 달린 유카타를 입고 꽃 모자를 쓴 사람들이 춤을 추면서 행렬을 진행해나가는데, 이들을 초기에는 '오도리코踊子'라 칭했지만, 현재는 '하네토跳人'라고 부른다.

축제의 흥을 돋우는 음악을 '하야시囃子'라고 하며, 멜로디를 연주하는 피리를 주축으로 리듬을 담당하는 북, 음악의 임팩트를 살리는 손 징 등이 기본 구성을 이루고 있다. 하야시로 악령을 불러와 멀리 쫓아버리기 위한 하나비 대회가 함께 펼쳐진다. 하네토들은 네부타의 고유 음악인 '네부타바

야시ねぶた囃子'에 맞추어 "세라~ 랏세라~セラー, ラッセラー"라는 함성을 크게 외치며 열정적으로 춤을 춘다.

(2) 네부타 마츠리의 시사점

더위가 절정에 오르는 8월이면 사과 생산지로 유명한 일본의 아오모리에 화려한 등불축제인 네부타 마츠리가 열린다. 종이로 만든 커다란 인형 등불인 네부타는 축제 프로그램의 중심이 되며, 수십 대의 네부타와 수만 명의 인파가 춤추며 퍼레이드의 모습이 장관을 이룬다. 축제가 열리기 몇 달 전부터 관람 좌석을 예매해야 할 만큼 인기를 끌고 있는 이 축제 덕분에 아오모리를 찾는 방문객은 시 인구의 10배가 넘는 350만 명에 이른다. 일본의 작은 도시 아오모리가 네부타를 세계적인 축제로 성공시킨 비결은 무엇일까?

축제를 알리는 축포와 함께 강렬한 북소리가 울려 퍼지면 삽시간에 행사장의 열기가 달아오른다. 흥겨운 음악과 함께 축제의 꽃이라 할 수 있는 네부타가 형형색색으로 아오모리 시를 물들이면 전설의 영웅들은 화려한 등불이 되고 축제는 절정에 이른다. 일주일 동안 이 축제에 참가하는 관광객은 350만 명이며, 축제의 경제적 파급효과는 238억 엔에 이른다. 아오모리 시민들은 일 년에 한 번밖에 없는 축제를 통해 고장의 전통문화를 알리고 지역의 브랜드 인지도를 높이고 있다.

네부타 마츠리에는 지역주민으로 구성된 자원봉사자들이 자발적으로 모여 회의를 하고 축제 홍보부터 방문객 안내에 적극적으로 나서고 있다. 3차원으로 만들어진 네부타 또한 일본의 역사 인물부터 중국의 삼국지, 수호지에 나오는 무사까지 다양하다.

아오모리 주민들은 네부타의 창작과 제작에 관여하는 사람을 네부타 장인이라고 부르고 존경하며, 어린이들은 어릴 때부터 축제에 사용되는 전통 악기의 연주법을 배운다. 전통문화에 대한 주민들의 자부심과 참여 의식, 그리고 해마다 새로운 작품을 내놓으며 변화를 추구하는 노력이 함께 어우러지면서 네부타 마츠리는 성공적인 축제의 전형을 보여주고 있다.[27]

비슷한 시기에 펼쳐지는 인근 아키타 현 아키타 시의 간토 마츠리도 색다른 재미를 준다. 역시 마을과 직장, 학교 단위로 구성된 팀들이 대나무 장대에 달아놓은 쌀알 모양의 등불 46개를 쓰러지지 않도록 하는 가운데 대나무를 이어 붙여 높이 올리며 묘기에 가까운 경연을 펼친다.[28]

7) 아키타의 간토 마츠리[29]

300년 이상의 역사를 자랑하는 아키타의 간토竿灯 마츠리는 1980년에 국가의 중요 무형 민속문화재로 지정되었으며 아오모리의 네부타 마츠리, 센다이의 다나바타 마츠리와 더불어 도호쿠 지방의 3대 마츠리 중의 하나이다. 종이인형을 바다에 띄워 신을 배웅하며 졸음을 쫓는 오본의 제례의식인 오본 행사가 그 기원인 에도시대의 네부리 나가시ねぶり流し처럼, 여름의 졸음을 쫓아서 재앙을 방지하며 무병식재無病息災(건강하고 재난을 소멸함)와 풍년을 기원하는 전통축제이다.

간토 마츠리의 원형은 에도 중기에 갖추었다고 전해진다. 장대 등불에

---

27 "350만 명 끌어모은 일본 지역축제 네부타 마츠리, 그 힘의 원천은?", ≪뉴스엔≫, 2010년 8월 7일 자.

28 "일사불란! 용광로 같은 흡인력 마츠리는 살아 있다", ≪한국일보≫, 2011년 8월 24일 자.

29 간토 마츠리 홈페이지(http://www.kantou.gr.jp) 참조.

〈사진 6-12〉 아키타 간토 마츠리

포스터

관한 가장 낡은 문헌은 1789년까지 거슬러 올라가는데, 그 당시 긴 장대를 열십十 자로 놓고, 거기에 여러 개의 등화를 달고 북을 치면서 거리를 줄지어 행진했다는 기록이 남아 있다. 이후 아키타의 독자적인 행사로서 전래되고 있다.

매년 8월 초에 3일간 아키타 시내에서 진행되는 간토 마츠리는 아오모리의 네부타와는 다른 형태의 등 장식을 채택하고 있는 것이 특징이다. 긴 대나무에 횡죽을 몇 개씩 끼워서 여기에 여러 개의 등을 달아 장식하는 것으로 차별화해 최대의 볼거리로 부각시키고 있다. 대나무를 묶어서 단 등을 간토라고 하는데, 마치 벼가 익어서 고개를 숙인 것처럼 긴 장대 위에 여러 가지 형상의 등을 매달아 장식해 화려한 느낌을 준다. 가장 큰 사이즈는 약 12~15m 높이 9단의 긴 대나무 장대에다가 벼 이삭을 상징하는 총 46개에서 48개의 횡죽을 끼운 등불을 매단 것으로 무게는 약 5kg에서 60kg에 이른다. 역시 축제의 하이라이트는 간토를 가지고 여러 응용 동작을 펼쳐 보이는 퍼포먼스와 등롱 행렬이다.

축제 첫째 날인 3일 아침 일찍, 각 마을 대표가 하치만 신사八幡神社로 가서 간토 끝에 매달은 장대를 받아가지고 오면, 건장한 청년들이 그것을 교대로 짊어지고 회장으로 향하는 것이 축제의 시작이다. 저녁이 되면 주요 행사장을 무대로 설치되는 1만여 개의 전등과 간토의 수는 약 120개에 이르며, 큰북소리와 함께 일제히 기합을 지르고 갖가지 퍼포먼스를 펼치면서 많은 관객을 매료시킨다. 특히 바람에 흔들리는 간토의 균형을 유지하며 묘기를 선보이는 일은 난이도가 매우 높은 기술을 필요로 하지만, 참가자들의 진지한 모습과 열연은 감동을 주기에 충분하다.

간토 마츠리는 농경문화에서 시작된 풍작과 풍년을 기원하는 의식이다. 장대 등불 전체는 벼 이삭을, 온화하게 흔들리는 수십 개의 초롱은 쌀가마를 표현하며, 간토의 다양한 움직임과 동작을 통해 풍요로운 생활이 도래하기를 축원한다. 이러한 대형의 간토를 자유자재로 머리나 이마, 손, 허리 등으로 받쳐서 균형을 잡고 대나무의 장력을 이용해 다양한 묘기와 퍼포먼스를 선보인다. 축제의 밤거리에는 1만 개가 넘는 각양각색의 등이 북과 피리 등의 전통악기와 어우러져 환상적인 아름다움을 연출한다. 또한 50여 대의 수레를 배경으로 일제히 환하게 불을 밝힌 등롱이 모이면 축제 현장은 마치 수를 놓은 것 같은 분위기가 된다. 여기에 간토의 퍼포먼스가 연출되어 조화를 이루면 바람에 살랑대는 벼이삭과 같은 형상을 느낄 수 있다.

축제의 시작을 알리는 구호와 함께, 음악의 반주와 대나무 피리 소리를 신호로 수백 개의 장대 등불이 동시에 떠오르며 관객의 환호가 축제 현장에 울린다. 마을의 문양을 넣은 한텐半纏[30] 차림의 남자들이 등의 무게로 기울어지는 간토를 균형을 잡으면서 어깨에서 손으로, 다시 이마로 옮겨가는

30 마고자와 비슷한 짧은 겉옷으로 활동성을 강화한 일본 의상이다.

간토 마츠리에 등장하는 등 퍼포먼스

· **히타이(額): 이마**
앞 사람으로부터 솜씨가 좋은 사람이 손바닥에 등을 받아 펼치는 중량감 넘치는 퍼포먼스다. 손가락의 사이에서 이마 위로 이동시켜 정지하고, 양손을 크게 벌려서 몸의 균형을 잡는다.

· **가타(肩): 어깨**
잘 쓰는 팔의 손바닥에 받아서 등을 정지시키고 팔을 구부리지 않고 곧장 어깨에 내린다. 잘 쓰는 팔을 곧게 펴서 축이 되는 다리와 어깨를 일직선으로 한 뒤, 한쪽 손으로 들어 올려서 다음 사람의 손에 이동시킨다. 퍼포먼스 가운데 가장 하기 쉽고, 기억하기 쉬운 기법이다.

· **고시(腰): 허리**
잘 쓰는 팔의 손바닥에 등을 받고, 들어 올려 정지시킨다. 손가락의 사이에서 비켜 놓아서 허리로 받치고, 상체를 알맞게 옆으로 기울인다. 이때 양쪽 발을 벌려서 몸의 균형을 유지하는 퍼포먼스로, 상당한 수련이 필요하며 화려한 기법이다.

· **하라테(平手): 손바닥**
등을 손바닥에 세워 높이 올려 보이는 힘세고 다이내믹한 장대 등불의 기본 기법이다. 앞에 한 사람은 다 이을 때까지 정지하고 유지하며, 두 번째 대나무를 더하고, 손바닥에 대고 정지시킨다. 손가락의 사이에서 비키며 다음 사람에게 여유를 가지고 보낸다.

· **나가시(流し): 흘림**
다음 동작을 취할 사람이 대나무를 잡기 쉽게 떠받치며 둘이서 장대 등불을 일으킨다. 솜씨가 뛰어난 사람에게 등을 전달하고, 다음에 할 사람이 대나무를 더한다. 높이 올려 일단 손바닥에 정지시키며 손가락 사이에서 15~20cm를 비키며 유지한다.

자료: 간토 마츠리 홈페이지의 竿灯妙技 참조(http://www.kantou.gr.jp/performance/index.htm).

묘기와 기예는 간토 마츠리의 최대의 볼거리이다. "영차, 영차!"라는 의미의 "돗코이쇼~ 돗코이쇼どっこいしょ, どっこいしょ"를 외치면서 간토를 왼쪽, 오른쪽으로 이동시키며 자유자재로 다루는 모습은 관객들에게 새로운 볼거리를 제공한다.

8) 국내외 등축제의 경쟁과 비교

등을 소재로 하는 축제는 일본, 중국을 비롯한 아시아 전역에서 개최되고 있으며, 한국 또한 진주 남강 유등축제(2002년 10월), 서울 청계천 등축제(2009년 11월), 제주 산지천 축제(2008년 11월) 등 각지에서 다양한 형태로 열리고 있으며 방문객의 꾸준한 관심을 받고 있다.

일본은 한국의 연등회燃燈會가 네부타 마츠리를 모방했다고 이의를 제기하는 등 국내뿐만 아니라, 해외에서도 등축제의 원조 논쟁이 가열되고 있다. 네부타 마츠리는 등롱, 종이 인형, 장식 대나무를 바다에 띄워 신을 달랜다. 축제의 마지막 밤엔 종이로 무사와 도깨비를 만들어 배에 싣고 그 안에 불을 밝힌다.

한국의 1500년 전통 불교 연등회는 토속신 제사인 팔관회八關會와 더불어 신라 진흥왕 때 시작되었으며 고려는 이를 국가 행사로 삼았다.[31]

먼저 진주 남강의 유등축제는 임진왜란 때 유래되어 진주 개천예술제에서 유등놀이의 형태로 오랫동안 이어져왔으며, 개천예술제 행사의 일환으로 추진되어온 유등놀이가 2002년 10월 대규모 진주 남강 유등축제로 발전되었다. 2002년 문화관광부에 의해 특성화 축제로 선정되어 소망등 달기와 풍등 날리기, 유등 띄우기 등의 체험행사를 실시하고 있으며, 2010년과 2011년은 2년 연속 대한민국 대표 축제로 선정되었다.

매년 진주 남강과 진주성 일원에서 10월에 개최되며, 250만 명에서 300만 명이 다녀가는 대형축제로 관광객들의 소비 지출액도 1500억 원에 이르

---

31 김광일, "燈축제 '원조' 싸움", ≪조선일보≫, 2013년 8월 2일 자. http://srchdb1.chosun.com/pdf/i_service/pdf_ReadBody.jsp?Y=2013&M=08&D=02&ID=2013080200024

러 지역경제 파급효과가 매우 큰 것으로 알려져 있다. 진주성을 중심으로 다양한 유등 1000여 개를 남강에 설치했고, 진주성에도 1.2km의 둘레길에 각종 유등을 다는 등 6만여 개의 유등이 환상적인 야경을 연출했다. 더불어 유등축제와 같은 기간에 열린 개천예술제와 코리아드라마페스티벌, 전국 민속 소싸움대회, 진주실크박람회를 보려는 사람들의 방문도 잇따랐다. 특히 코리아드라마페스티벌은 한국의 드라마와 유명 연예인을 보려는 중국, 일본 관광객이 방문하여 한류의 열기를 이었다.[32]

서울 청계천의 등축제는 2009년 11월에 처음 시작되어 백제의 역사와 아름다운 등 문화를 선보이고 있다. 2012년은 257만 명, 대회 7회째인 2015년에는 총 314만 명에 달했으며, 개최 이후 매년 250만 명 이상의 관람객이 찾는 서울의 대표 축제로 자리 잡고 있다.

특히 2013년의 행사 주제는 '한성백제 천년의 꿈'으로, 백제 700년 역사를 시대순으로 조명하여 한성백제, 웅진백제, 사비백제 시의 역사와 문화를 담은 상징물과 유물을 전통 한지등과 현등으로 표현해냈다. 청계천 일대 900m 구간에서 3만여 개의 등불로 표현해 고국가 백제의 시작과 번성의 과정을 누구나 쉽게 이해할 수 있도록 한 전시 구성은 평면적 전시에 머물렀던 이전 전시에 비해 한 단계 도약했다는 평을 받았다.[33]

축제가 열리는 동안 청계광장과 한빛광장에서는 한지등 만들기와 공연 등 다양한 체험행사가 진행되었다. 이 중 대만에서 출품한 31점의 전통등은 추수와 마을축제에 행해지는 전통 기복축제를 형상화해 이를 통해 대만의 민속 문화를 엿볼 수 있었고, 천연 조개껍질을 활용해 제작된 필리핀의

32 "백제 700년 역사, 청계천에서 3만 개 등불로 재현", ≪연합뉴스≫, 2013년 10월 31일 자.
33 "서울 청계천 등축제, 6일부터 시작", ≪머니투데이 스타뉴스≫, 2015년 11월 6일 자.

크리스마스등은 이국적인 축제 분위기를 느끼게 해주었다.[34]

한편, 2008년 11월에 처음 개최된 제주 산지천 축제는 새해 소망을 기원하고 마음과 세상을 밝히는 등불의 향연으로 매년 개막하고 있다. 지역 자생단체와 제주시 활성화구역의 연합상인회의 상인들이 주가 되어 열리는 이 축제는 산지천을 중심으로 다양한 제주의 전통문화를 선보인다. 한라산 백록담 설화를 배경으로 제작된 신선등을 비롯해 백록등, 호랑이등, 수문장등, 범섬등, 봉등, 학등, 사슴등 등 다수의 전통등 외에도 각종 테마등과 지구사랑등, 창작등이 전시된다. 이 밖에도 등 터널, 등 산책로는 물론 80m짜리 등으로 장식된 부교를 설치해 장관을 연출하는 등 총 3000여 개의 등이 축제 기간에 행사장 일대를 수놓는다.[35]

그러나 이러한 수많은 축제의 이면 또한 존재한다. 서울 하늘을 11만 개의 불꽃이 수놓았던 세계 불꽃축제가 남긴 무질서의 흔적에서 전국 축제 개수만 2429개에 달한다는 한국의 씁쓸한 자화상을 엿볼 수 있다. 연간 2500여 개의 지역축제를 기준으로 하루 평균 3~4개의 축제가 어디선가 열리고 있다.

이 가운데 우수 축제로 평가되는 함평의 나비축제와 보령의 머드축제의 수익은 평균 5억~10억 원대이다. 손해를 보지 않으면 그나마 다행이라는 지역축제가 대부분이다. 몇 년을 존속하며 이어오다가 이미 명맥이 끊긴 축제도 매우 많다.

이렇게까지 된 데는 몇 가지 원인이 있다. 먼저 전시 행정적인 측면에서 별다른 차별점 없이 주변의 축제를 그대로 답습하거나 모방하는 지역축제

34 "3만 개의 등불이 청계천을 밝힌다", ≪이데일리≫, 2013년 10월 31일 자.

35 "제주 산지천 등축제 개막", ≪제주의 소리≫, 2010년 12월 9일 자.

의 사례가 많은 것이 대부분이다. 또한 각 지방자치단체가 지역축제에 관심을 가지면서 양적으로는 크게 성장했지만, 독창성을 발휘하지 못했고 전문축제를 기획하기에 부족했으며 관리 운영상의 전략도 부족하다. 그리고 운영 인력이 부족했고 지역주민의 참여율이 저조하다는 등의 문제점이 공통으로 나타났다.

축제를 발전시킨 역사와 전통이 깊은 일본은 문화제를 발굴하거나 전통성을 유지·보존하는 데 최선을 다하면서도 현대적인 시점에서 이를 가공하고 새로운 감각을 받아들이는 데 인색하지 않다. 따라서 다양한 세대나 여러 나라의 해외 방문객이 폭넓게 축제에 참여하며 만족할 수 있어 많은 수입을 올린다. 또한 문화적 가치와 경제적 이익이 함께 조화를 이루며 이벤트 기획에서 문화성은 충분히 살리면서도 수입을 높일 수 있는 프로그램과 상품을 개발해 두 개의 상충되는 개념에 대한 균형을 유지하고 있다.

예를 들어 인구 30만 명에 지나지 않는 아오모리 시는 등축제인 네부타 마츠리를 개최하여 막대한 경제적 이익은 물론이고, 지역의 이미지 제고에도 많은 긍정적인 효과를 창출하고 있다. 그 밖의 이미 소개한 다양한 일본 전통축제 마츠리의 사례를 통해 우리가 이를 벤치마킹할 이유를 발견할 수 있다.

제3부
마츠리와 테마공간의 연계와 사례

제7장

마츠리와 전통 테마파크의 이해와 사례

테마파크Theme park는 단순히 오락을 목적으로 하는 유원지나 교육적인 가치만을 제공하는 박물관, 전시관을 뜻하지 않는다. 일반적으로 유원지, 유희공원, 놀이동산 등은 단순한 놀이나 오락, 게임, 볼거리를 통해 흥미나 즐거움을 주는 시설물을 뜻하고 박물관, 전시관, 기념관 등은 전시나 자료, 기록을 통해 교육·학습적인 기능을 수행하는 건축·시설을 의미한다.

그러나 테마파크는 특정한 콘셉트와 테마에 의해 치밀하게 기획되고 구성된다. 방문객들에게 비일상적인 분위기나 느낌들을 이끌어내 공감하고 동화될 수 있도록 인위적인 연출을 통해 창조된 공간으로서, 이에 따른 제반 환경인 구조물이나 건축물, 어트랙션, 공연 및 이벤트 등을 기획·연출해 통합적·지속적으로 운영·관리되는 복합적인 장소를 가리킨다.

테마파크를 주제별로 분류하면 다양한 형태가 존재한다. 이 가운데 '민속촌'과 같이 인간 사회의 민속이나 전통 건축물을 주제로 한 테마파크나 '역사공원'처럼 역사의 단면을 테마로 하는 경우에는 파크 내부에서 방문객의 흥미를 유발하거나 집객력을 향상시키기 위한 방법으로 상시적으로 이벤트나 축제 행사를 진행하고 있다. 예를 들어 역사나 민속적인 분위기를 느낄 수 있도록 다양한 구조물과 건축물을 그대로 재현해 보여주거나 전통적인 마상 쇼나 무예, 전통극 등을 연출하여 재미와 볼거리를 제공한다. 특히 과거의 의상과 복식, 춤사위를 바탕으로 퍼레이드를 실시해 관객과 함께 호흡하는 축제 한마당을 이끌어내기도 한다. 일본의 마츠리와 관련된 두 가지 형태의 테마파크를 구체적으로 소개하면 다음과 같다.

먼저 '민속·전통 건축물을 주제로 한 테마파크'이다. 이것은 과거 어떤 시대나 지역을 선정해 민가와 건축물을 복원하거나 새롭게 구성해 지역성 및 시대성의 가치를 표현하는 것이다. 대표적으로 일본 닛코 에도무라日光江戸村, 노보리베쓰 다테지다이무라登別 伊達時代村 등이 있다.

다음으로 조금 발전된 형태로서 '민가와 민속, 공예, 예능을 종합적으로 연출한 파크'가 있다. 어떤 시대나 지역을 선정해 환경·건축 등을 그대로 '재현'하는 민속적·문화적 정보를 전시하고, 전통음식 관련시설 등을 종합적으로 통일감 있게 연출하며 외국에 잘 알려진 특정 지역을 선정해 건축물, 풍습, 관광 상품 등을 재현하는 경우이다. 여기에는 한국의 민속촌, 일본의 하우스텐보스Huis Ten Bosch, 스페인 촌, 하와이의 폴리네시안 빌리지Polynesian Cultural Village 등이 있다.

또한 이와 유사한 것으로 특정 지역을 보전해 지역 전체를 파크화해서 지역에 밀착한 건축양식을 전통적 문화유산으로 보전하고 활용하는 경우가 있다. 이러한 파크는 생생한 생활 모습을 있는 그대로 재현하고, 개별 시설을 잘 활용해 수익을 확보하게 되는데 여기에 속하는 사례는 안동 하회마을과 낙안읍성 등을 들 수 있다.

이와 같이 역사, 민속과 관련된 테마파크는 생각보다 그 분류 방법이 간단하지 않다. 그러나 구체적인 세분화 작업을 통해 다양하게 재편성함으로써 역사·민속 테마파크를 좀 더 깊이 있게 이해할 수 있다. 여기서는 몇 가지 형태로 구분했으나 때로는 어느 한 가지 형태에 국한하지 않고 좀 더 복합적인 형태로 나타나는 경우가 많다.

일본의 역사·민속 테마파크는 한국과 비교할 때 몇 가지 특징을 발견할 수 있다. 한국은 주로 민속, 전통을 주제로 건축물을 재현하거나 생활모습을 보여주고 있는 데 반해, 일본은 역사적인 소재나 인물, 건축물을 중심으로 그 당시의 모습을 재현하거나 유명한 영화나 드라마의 사극 분위기를 재현하는 데 초점을 맞추고 있다. 특히 닌자 쇼, 사극을 소재로 한 공연이벤트 외에 오락적인 요소를 다양하게 활용해 연출 효과를 극대화시키고 있다.

또한 양국은 테마파크의 명칭에서도 차이를 보이고 있다. 한국은 민속, 전통적인 테마가 중심이 되기 때문에 역사·민속 테마파크를 가리키는 말로 '민속촌'이 일반화되고 있지만 일본은 민속적인 주제보다는 역사적인 인물이나 건축물, 드라마를 재현하는 역사 테마파크로서의 의미가 강하기 때문에 '역사촌'이란 명칭이 많이 쓰이고 있다.[1]

두 번째, '역사의 단면을 테마로 하는 파크'이다. 이것은 전설, 역사, 문학, 유적을 주제로 한 형태로 고대의 전설이나 문학작품, 문화유산 등에서 테마를 설정하고 이에 얽힌 스토리를 전개하는 유형의 테마파크이다. 먼저 일본은 '역사공원'이란 명칭이 친숙한데 에사시江刺, 요시노가리吉野ヶ里의 역사공원을 예로 들 수 있다. 국내의 구체적인 예는 적지만 평창(「메밀꽃 필 무렵」의 배경지)의 이효석 생가 주변의 역사공원과 남원과 장성에 있는 춘

1 김희진, 『일본 테마파크의 사례와 전략』(커뮤니케이션북스, 2007), 20~21쪽. 일본의 테마파크 명칭 중 지다이무라(時代村, 시대촌)는 역사 마을(歷史村, 역사촌)에 해당되며 한국의 민속촌과는 다소 성격이 다른 역사를 주제로 한 테마파크를 의미한다.

향전 파크, 홍길동 파크 등이 있다.

역사를 주제로 한 파크는 하나의 역사적 사실과 인물에 중점을 두고 시대적 환경과 역사적 상황을 재현해나가며 구성하는 것으로 지역과 관련된 소재가 대부분이며 스토리성을 살리기 위해 사실과 가설과의 적절한 조화가 필요하다. 국내에는 완도의 장보고 테마파크, 나주의 삼한지 테마파크 등이 있고, 파크는 아니지만 보길도(윤선도의 유배지) 등이 있으며, 역사적인 사실이나 인물을 중심으로 관광자원화하는 경향이 있다.

이러한 유형의 테마파크는 해신과 주몽의 테마파크에서도 알 수 있듯이 해당 지역의 이미지 향상이나 경제 활성화를 위해 드라마 세트장이나 영화의 촬영장소로 이용되어 부가가치를 높이는 데 활용되기도 한다.

1. 역사 · 민속 테마파크

테마파크는 한마디로 독특한 주제와 이를 적절히 표현하는 소재를 이용하여 방문객들에게 일상 탈피의 경험을 제공하는 공원이다.

일본은 좁은 국토 면적에 비해 세계에서도 유례를 찾아 볼 수 없을 정도의 많은 테마파크를 가지고 있다. 전국 어디서나 편리한 접근성을 이용해 즐길 수 있는 어트랙션이 풍부하기 때문에 특별히 주목받는 테마파크 외에도 흥미를 끌 수 있는 장소가 매우 많다.

이것은 아직 테마파크의 시작 단계에 있는 우리에게 많은 시사점을 준다. 아직 테마파크하면 유원지를 떠올리거나 단순히 단편적인 주제로 공원화하는 것을 테마파크로 일컫는 사례가 많기 때문에 좀 더 심도 있는 논의가 필요하다. 한국의 테마파크는 짧은 기간에 급속한 성장을 이루어왔지만 소재가 매우 단조롭고 어뮤즈먼트에 지나치게 편중되어 쇼핑이나 정보, 편의성 면에서 복합적이고 개성화된 방문객의 욕구를 제대로 충족시키지 못하고 있다.

테마파크는 1955년 디즈니랜드가 기존의 놀이동산들과 차별화된 주제로 대규모 엔터테인먼트의 시설을 개장해 성공을 거두면서 기존의 유원지 개념의 어뮤즈먼트 파크Amusement park들도 점차 복합적인 엔터테인먼트 공간의 기능과 명확한 주제를 가진 테마파크로 전환되기 시작했다. 이러한 변화는 테마파크에 대한 사회적 관심을 불러일으키고 활발한 논의를 가속화하여 눈부신 발전을 가져왔다.

초기의 테마파크는 독특한 주제를 가지고 방문객의 흥미와 관심을 유도할 수 있는 소재를 이용해 일상에서 접하지 못했던 경험이나 만족감을 제공하는 시설과 장소로서의 의미가 뚜렷했다.

테마파크는 다양한 개념과 특성이 있지만 이를 알기 쉽게 다시 정리하면 다음과 같다.

첫째, 테마파크는 차별화되고 흥미를 끌기에 충분해야 하며, 대표하는 테마성이 있어야 한다. 둘째, 테마파크는 하나의 독립된 완전한 공상 체계로 비일상적인 공간을 마련해 비일상성이 제시되어야 한다. 셋째, 테마파크 안에 있는 모든 환경과 시설, 프로그램은 산만하지 않고 테마에 맞게 구성해 통일된 이미지를 갖도록 하는 통일성이 요구된다. 넷째, 테마파크가 성공하기 위해서는 단일한 요소만이 아닌 건축물, 조경, 음악, 디자인, 공연, 음식, 상품, 휴게 공간, 서비스 등 다양한 분야가 모여서 종합된 분위기를 창출할 수 있는 통합성이 충족되어야 한다. 또한 오락, 여가, 문화 및 정보, 교육 등의 '창조적 유희 공간'이 여러 기능들과 복합적으로 구성됨으로서 다양화된 소비자의 욕구를 능동적·적극적으로 충족시켜줄 수 있는 복합성이 내재되어야 한다.

일반적으로 테마파크의 유형으로 분류되는 전통, 민속을 소재를 다룬 민속촌 등은 테마의 차별화와 비일상적인 프로그램의 제시, 통일된 이미지의 조성이라는 측면에서는 어느 정도 방문객의 호응을 얻을 수 있었지만 아직까지 다양한 고객 만족을 유도할 수 있는 소재나 기능의 통합성·복합성 부문에서는 부족한 점이 있었다. 따라서 완전한 형태의 테마파크로 인정되기까지는 아직 미흡한 점이 많다고 할 수 있다.

2. 일본 전역의 역사 테마파크[2]

■ **규슈**(九州)

류큐무라(琉球村)

류큐무라는 아열대 식물이 무성한 다코야마多幸山 기슭에 펼쳐져 있는 오키나와의 역사와 문화를 모아놓은 마을이다. 일본 본토와는 다른 오키나와 류큐 왕국의 독자적인 전통문화와 생활양식을 다양하게 체험할 수 있다. 오키나와는 예전에는 류큐 왕국이라는 독립국가를 건설해 중국, 일본, 동남아시아와의 교역에 깊은 영향을 받았으며, 높은 수준의 문화를 창조했다. 오키나와의 대표적인 테마파크의 류큐무라에서는 그 시대의 독특한 분위기와 류큐 문화를 재현하고 직물, 나염, 공예의 제작 과정을 견학할 수 있으며 물소水牛 차를 이용한 제당기制糖期 등 오키나와의 생활과 문화를 소개하고 있다.

---

2 김희진, 『일본 테마파크의 사례와 전략』, 183~186쪽.

■ **간토(関東)**

닛코 에도무라(日光 江戸村)

도쿄에서 가장 가까운 곳에 위치하며 수도권의 간토 지방에서 접근성이 용이하다. 17세기 초~18세기 중엽의 사무라이(일본 무사)들이 살았던 거리 전경을 그대로 재현한 테마파크로 유명하다. 닌자[3]의 액션 공연 쇼와 당시의 재판 광경을 그대로 재현하며, 화려한 오이란花魁[4] 쇼 등을 즐길 수 있다.

■ **주부(中部)**

가가 햐쿠만고쿠지다이무라(加賀 百万石時代村)

전국시대 말기의 덴쇼天承 시대로부터 에도시대 초기의 간에이寛永 시대에 이르는 16~17세기 초 사무라이 시대의 사회, 문화, 풍속을 재현한 테마파크로서 지상 14m의 세계 최초 공중 닌자 쇼가 인기를 모으고 있다. 한편, 주변의 가나자와金沢 햐쿠만고쿠百万石 축제는 1583년, 초대 가가 영주인 마에다 도시이에前田利家가 가나자와에 입성한 것을 기념하기 위한 것으로, 1923년부터 가나자와 시의 대표적인 축제가 되었다.

---

3 닌자(忍者)는 다른 말로 시노비노모노(忍の者)라고도 하며, 초기에는 정보수집이 주요한 활동이었으나 군웅(軍雄)이 할거하는 전국(戰國)시대에는 첩자나 자객 등으로 활동했다. 이들은 변장과 은신의 달인으로 자신의 모습을 숨기기 위해 얼굴에 복면이나 가면 등을 쓰기도 한다. 대표적인 닌자 집단에는 고가(甲賀), 이가(伊賀) 등이 있다. 538년부터 그들의 존재가 기록에 남아 있으며 후에 오다 노부나가(織田信長)에 의해 탄압을 받기도 했지만, 에도시대를 열었던 도쿠가와 가문에게 충성하며 좋은 관계를 유지했다.

4 오이란은 에도시대의 기생과 유녀를 가리키며 화려한 전통의상을 입은 출연자의 퍼포먼스는 민속촌의 중요한 퍼포먼스 중 하나다.

〈사진 7-1〉 도에이 우즈마사 영화촌

■ **긴키**(近畿)

이세 센고쿠지다이무라(伊勢 戦国時代村)

전국시대(16세기 후반)를 재현한 테마파크로서 닌자극, 각종 무가 사극을 볼 수 있고 그중에서도 5층 7계식의 성을 재현한 아즈치성安土城 체감극장은 특히 가장 큰 볼거리이다.

현대 일본인이 잊고 있는 에도시대의 예절 문화를 다시금 체험하고 배우기 위해 '예절 연수 도장'이라는 예절 체험관을 설치해 학교교육이나 사원 연수의 장소로 활용하고 있다.

도에이 우즈마사 영화촌(東映 太秦映画村)

서양 건축풍의 아카데믹한 외관을 지닌 영화 문화관은 이름 그대로 일본 영화의 박물관이라고 할 만하다. 여기에는 일본 영화에 공적을 남긴

명배우, 명감독의 발자취, 그리고 영화 기자재와 유명한 영화의 기록사진 등을 통해 일본 영화사를 재미있게 알 수 있다.

영화촌 내부의 스튜디오에서는 실제로 많은 사극의 영화와 드라마를 촬영하고 있고, 액션 배우들의 연기를 현장감 그대로 보여주며 또한 어린이 팬을 위한 액션 히어로 특별 전시관이 마련되어 있다.

■ **홋카이도(北海道)**

노보리베쓰 다테지다이무라(登別 伊達時代村)

일본 북단 홋카이도 노보리베쓰 시에 소재하며 300년 전의 사무라이 시대의 센다이한仙台藩(미야기 현 위치)의 거리나 전경을 재현한 테마파크이다. 역사적으로 실존하는 인물을 이용해 테마파크를 구성한 것이 특징이며 눈이 많이 오는 지역인 만큼 겨울의 설경과 함께 역사 테마파크를 관람한다는 면에서 볼거리가 다양하다.

3. 일본의 대표적 역사 테마파크: 닛코 에도무라와 노보리베쓰 다테지다이무라

일본의 역사 테마파크는 앞에서 소개한 것과 같이 지다이무라(시대촌) 중심으로 다양한 형태로 전국에 산재되어 있지만 이 중 가장 대표적인 곳은 닛코 에도무라와 노보리베쓰 다테지다이무라이다.

닛코 에도무라는 간토 지방의 수도권에 가깝게 위치하며, 노보리베쓰 다테지다이무라는 일본 북부지역의 홋카이도에 자리 잡고 있다. 이 두 역사 테마파크의 분석을 통해 민속촌으로 대표되는 한국의 민속·전통 테마파크

〈사진 7-2〉 노보리베쓰 다테지다이무라

와의 비교해본다면 많은 것을 배울 수 있을 것이다. 현재 한국에는 용인의 민속촌, 안동의 하회마을, 전주의 한옥마을, 순천의 낙안읍성 등이 존재하지만 주로 전통가옥이나 건축물, 민속적 소재를 중심으로 운영되고 있다.

테마파크는 차별화된 주제와 다양한 연출능력이 뒷받침되어야 한다. 대부분 민속과 전통을 주제로 하고 있지만 꾸준히 고객을 만족시키고 온 가족이 즐길 수 있는 관리 능력과 연출력이 뒤따르지 않으면 테마파크로서 지속적인 성장은 어렵다. 명확한 주제를 바탕으로 흥미로운 어트랙션의 도입과 함께 폭넓은 고객을 만족시킬 수 있는 엔터테인먼트 센터로서의 복합적인 기능이 수행되어야 테마파크 본래의 존재 가치가 유지될 것이다.

1) 닛코 에도무라의 개요 및 특징

닛코 에도무라는 도쿄 근처로 수도권에서도 접근성이 용이한 곳에 위치해 일본의 역사 테마파크 중 방문객 수가 제일 많다. 17세기 초에서 18세기 중엽의 사무라이들이 살았던 당시의 거리 모습을 재현했다. 특히 닌자의 액션공연은 당시의 재판 광경을 그대로 재현하며 코믹한 연출기법을 활용하여 관객에게 많은 볼거리를 제공하고 있다.

닛코 에도무라는 일본의 역사와 문화를 보존해 이를 계승시키려는 취지로 설립되었으며 에도시대 중에서도 특히 이야깃거리가 풍부한 초기 역사를 주제로 한 여러 가지 놀이시설과 볼거리 등을 제공하는 테마파크이다. 1984년부터 넓이 495km^2의 부지 가운데 165km^2를 개발하고 150동의 건물을 지어 1986년 4월에 개장했다. 총 공사비는 약 150억 엔 정도가 소요되었다.

주요 시설로는 일본의 전통문화 극장, 닌자 저택, 닌자 극장 등의 공연장, 사무라이 극장, 닌자 미로 등의 체험관, 코미디 극장, 예절연수를 위한 다도 교실, 일본의 전통 예능 극장, 옛 에도시대 재판소, 갖가지 모험과 공포를 체험할 수 있는 닌자 괴기관, 지옥사地獄寺, 악명 높은 당시의 감옥과 고문도구, 전통 숙박시설, 전통 화재 감시탑, 가마 영업집 등을 재현해놓은 전시관 외에도 유람선, 활터, 상가, 식당가 등이 들어서 있다. 이 테마파크를 운영하는 주식회사 지다이무라는 1982년에 설립된 엔터테인먼트 전문기업으로 닛코 에도무라 외에도 미에 현三重県과 홋카이도 이시카와 현石川県 등에 에도시대 중기와 후기 등의 여러 시대를 무대로 설립한 테마파크를 운영하고 있다.

닛코의 에도무라를 들어가면 먼저 일본 전통의상을 빌려주는 상점이 있어 일반 방문객들이 일본의 전통적인 옷을 입고 분장하고 에도무라를 돌아다닐 수 있다. 그렇기 때문에 테마파크의 내부에서는 기모노를 입은 남녀와 어린이들을 볼 수 있으며 이러한 방문객들은 에도무라의 전통적인 분위기와 어울려 테마파크를 더욱 돋보이게 하고 있다.

에도무라는 크게 극장, 체험관, 유희장, 견학장, 전시장, 사회학습관 등으로 나뉘어져 있으며 총 6개의 극장(역사테마 극장, 전통문화 극장, 전통 극장, 닌자 극장, 예절극장, 냔마게Nyan-mage[5] 쇼)에서 하루 2회에서 5회까지의 공연을 실시하고 있다. 이 밖에도 야외에 설치된 극장에서는 방문객이 지나갈 때 거리에서 갑자기 닌자가 나타나서 극적인 효과를 연출하는 경우도 있으며, 옛 향수를 느낄 수 있도록 다양한 전통 놀이를 재현하는 공연도 볼 수 있다.

2) 노보리베쓰 다테지다이무라의 개요 및 특징

다테지다이무라는 한국의 민속촌과는 성격이 조금 다르며 닛코에 있는 에도무라가 한국의 민속촌과 가장 비슷한 형태라고 할 수 있다. 홋카이도의 대표적인 민속 테마파크의 하나인 다테지다이무라는 노보리베쓰 시에 위치하는데 300년 전, 에도시대의 센다이한의 사무라이 거리 전경을 재현한 테마파크이다.

본격적인 일본 에도시대의 건축물과 전통 연극, 닌자 쇼, 당시 일본의 전통의상을 입은 행사 관계자들의 모습 등의 다양한 볼거리를 통해 과거 에

5 냔마게는 에도 원더랜드에서 가장 인기 있는 캐릭터의 하나이다. 에도무라에서는 귀여우면서 익살스러운 모습의 냔마게와 다른 캐릭터들의 퍼포먼스를 관람할 수 있다.

다테 마사무네

다테지다이무라의 중심 인물은 에도시대의 유명한 장군 다테 마사무네(伊達政宗)이다. 어렸을 때 오른쪽 눈을 잃고 1584년 불의의 죽음을 당한 아버지를 이어 가계를 계승한 그는 전국적인 영토 확장에 나서 1589년 아시나 가문(蘆名氏)을 쳐부수고 아이즈(会津) 지방을 장악했다. 도쿠가와 이에야스(徳川家康)에게 접근해 세키가하라(関ヶ原) 전투에서 우에스기(上杉)의 군대를 물리치는 공을 세워 센다이 한 62만 석(石)의 소유권을 공인받았다. 그 후 다이묘(大名)가 되어 센다이 성, 성을 중심으로 한 도시의 건설에 착수해 토지측량과 하천 보수, 간척사업 등을 활발히 진행했다. 또한 유럽과의 통상을 시도해 바쿠후(幕府)의 지원 아래 자신의 가신을 멕시코, 로마, 스페인에 파견했다. 예술가로서도 유명해 일본 고유 시가인 와카(和歌), 일본 다도(茶道), 전통 연극인 노(能)에 밝았으며 서예를 즐겼다고 한다.

도시대를 그대로 재현하고 있다.

다테지다이무라는 4곳의 극장(닌자 극장, 전통문화 극장, 역사 극장, 난마게 극장)이 있으며 하루에 2회에서 4회의 공연이 있다. 이 외에 야외에서 열리는 닌자 쇼가 주목을 끌고 있다.

4. 공익성과 오락성의 조화: 사가 현 요시노가리 역사공원

'요시노가리吉野ヶ里'는 1989년 갑작스러운 발견으로 높은 학술적 가치가 인정된 곳으로 일본 고대 야요이弥生 시대의 유적지로 유명한 곳이다. 이곳은 주변에 둥글게 참호를 파서 공동체를 이룬 고대사회의 주거지역으로 그 규모는 일본 최대 수준을 자랑한다.

요시노가리는 1991년 국가가 지정하는 특별 사적지가 된 후, 1992년에는 국립 역사공원으로 결정되었다. 인근의 국영 공원지역과 사가 현이 직접 관리하는 공원구역을 포함하면 총면적은 117ha에 달하며 총비용은 약

450억 엔의 막대한 금액이 투자되어 공원 정비가 이루어졌다. 분석 결과에 의하면 그 경제 파급효과만 해도 700억 엔 또는 800억 엔에 이를 것으로 추정된다.

요시노가리는 역사 유적지를 공원화하여 테마파크로 발전시킨 대표적인 사례로서 그 이면에는 지역 활성화를 위한 지역주민의 노력이 밑거름이 되었다.

기원전 3세기부터 서기 3세기까지의 야요이 시대는 일본 문화의 원점이라고 할 수 있는 시기로서 벼농사가 시작되고 주거 공통체가 자리 잡는 시기였다. 야요이 시대 유적 중에서도 요시노가리 유적은 사가 현을 중심으로 주변 3개 마을에 걸친 일본 최대의 유적으로 야요이 시대의 취락과 주거 생활의 모습을 비롯해 고대사회를 이해하는 데 필요한 중요한 자료와 정보가 결집되어 있다.

유병동검有柄銅劍이나 유리제 관옥管玉 등의 출토품이 국가의 중요 문화재로 지정되는 등 학술적 가치가 아주 높고 이 지역 전체는 국가 특별사적으로 지정되어 있다.

1) 요시노가리 역사공원의 개요 및 특징

요시노가리 역사공원은 일본 문화를 상징하는 국가 특별사적인 요시노가리 유적을 보존하고 활용 가치를 높이기 위해 출발한 테마파크이다. 복원사업에서는 학술적 고증 및 역사적 가치가 바탕이 되어야 하기 때문에 세심한 노력과 배려가 있었다.

공동 주거지가 존재하던 시대가 언제였는지, 그 취락은 어떠한 모습이었는지에 대한 추측을 바탕으로 건물 하나하나의 존재 가치나 이유, 목적을

〈사진 7-3〉 요시노가리 역사공원

내부 전시

생각하고 마지막으로 각각의 형태와 구조 등을 생각해나갔다.

요시노가리 역사공원은 “야요이 시대 사람들의 숨결을 느낀다”를 주요 테마로 문화적 유산인 요시노가리 유적을 올바로 보존하는 것을 비롯, 당시 시설의 발굴 및 전시 등을 통해서 야요이 시대를 느낄 수 있는 만남의 장을 창출하고 문화 교류의 거점으로서 활용가치를 높이는 것을 목적으로 설립되었다.

1986년 이 지역 일대는 공원 단지를 새롭게 조성하기 위한 계획의 일환으로 시도한 문화재 발굴 과정에서, 유적의 가치가 대내외적으로 새롭게 인식되어 일시에 전국적인 주목을 받게 되었다. 1992년에 이르러 ‘국영 요시노가리 역사공원’으로서 정비하기로 결정된 후, 국가와 현이 하나가 되어 설립을 추진했다. 2000년부터 그 일부가 개방되었고 현재 총면적 58ha

중에서 국영공원 약 27ha, 현립공원 31ha가 개장 중이다.

2) 테마지역의 구성

요시노가리는 본래 학술적·역사적 가치를 높이려는 의도에서 출발하여 공원화 작업을 진행했지만, 보편적이고 대중적인 관심과 활용을 유도하기 위해 테마파크로의 전환을 시도했다. 테마파크로서의 가치를 창출하기 위해 다양한 아이디어와 연출력이 동원되었고 방문객이 만족할 수 있도록 적극적인 노력을 아끼지 않았다.

영상시설과 레스토랑이 있는 역사공원센터를 중심으로 '입구 존'을 비롯해, 지위가 높은 사람들이 살았다고 하는 남쪽 주거지와 나라의 제례행사 등이 실시된 것으로 추정되는 북쪽 주거지 '취락 존', 그리고 약 20ha의 면적을 차지하며 각종 레크리에이션과 오락을 즐길 수 있는 '고대 존'과 같은 세 가지의 테마지역으로 구분되어 있다.

또한 공원 북쪽의 '고대 역사의 숲 존'은 야요이 시대의 숲을 재현한 넓은 초원에서 학습과 레저, 스포츠 체험 등을 즐길 수 있는 테마 존으로 구성되어 있다.

(1) 어트랙션 및 레저 시설

요시노가리 역사공원의 어트랙션 및 레저 시설에는 다음과 같은 것들이 있다.

- **야요이 들판**

  약 6ha의 광활한 잔디 광장으로 되어 있고 야요이 시대의 풍경 속에서 다양한 레저와 스포츠, 게임, 체험이벤트 등을 즐길 수 있다. 단체 방문객을 위한 학습·체험 이벤트도 준비되어 있다.

- **디스크 골프, 그라운드 골프**

  디스크 골프는 플라잉 디스크를 이용해서 몇 번 골에 던졌는가를 겨루는 게임으로 골프와 같은 방식으로 진행한다. 또한 그라운드 골프는 골프와 게이트볼을 결합시킨 경기로 몇 타로 골인시키는가를 겨루는 게임이다. 가족과 함께 와서 가볍게 골프를 즐길 수 있도록 구성되어 있다.

- **놀이동산**

  야요이 시대의 망루를 본떠 만든 전망대와 롤러 미끄럼대 등, 10종류의 재미있는 놀이 기구로 구성되어 있다.

- **미니 시어터**

  대형 영상을 통해서 요시노가리 역사와 공원이 만들어지기까지의 과정, 복원한 건물의 내용 등을 약 12분 동안 즐길 수 있다. 너무 학습적인 내용만을 강조하지 않는 프로그램으로 연출·제작하여 지루하지 않게 구성되어 있다.

(2) 쇼핑 및 레스토랑

요시노가리 역사공원에는 이 지역만의 특색을 살린 쇼핑 및 레스토랑 시설이 있다.

- **쇼핑**

  공원 내부의 상점에서는 이 지역 사가 현의 특산품과 공원에서만 구입할 수 있는 다양한 캐릭터 상품 등을 판매하고 있다. 특히 요시노가리

역사공원의 마스코트 캐릭터 '히미카ひみか' 인형은 방문객들에게 인기가 높다.

- **레스토랑**

공원 내부의 역사공원센터 건물에 위치하고 있다. 요시노가리 역사공원에서만 맛볼 수 있는 지역의 특산물과 건강에 좋은 유기농 야채 등으로 만든 다양한 메뉴가 개발되어 있다. 요리에 사용한 밥은 야요이시대의 쌀인 적미赤米로 만들어 차별화에 노력했다.

(3) 장애인을 위한 서비스 프로그램

요시노가리 공원은 장애인과 몸이 불편한 사람들을 위하여 다양한 프로그램을 준비하고 있다. 다른 테마파크에서는 찾아볼 수 없는 독특한 서비스 시스템은 참고가 될 만하다. 장애인의 경우, 입장료와 주차장요금을 면제받는다. 또 장애인과 동승할 경우 정원 10명까지는 주차장요금을 무료로 이용할 수 있다.

- **장애자를 위한 시설**

- 공원입구 가까운 장소에 신체장애자용 전용 주차장을 마련하고 있다. 공원 내부에서 유일하게 계단이 있는 역사공원센터 앞에는 슬로프를 병용하고 있어 휠체어를 타는 사람도 안전하게 이용할 수 있다.
- 원내의 각 화장실에는 각종 편의시설이 설치되어 있다. 손잡이와 세면대, 아기 침대, 호출버튼 등을 정비하고 있다. 장애자 전용 화장실은 역사공원센터와 축제 광장 쪽에 있지만 앞으로 모든 화장실에도 장애인을 위한 시설이 준비될 예정이다.
- 몸이 불편한 사람이나 고령자가 원내에서 편안하게 이동할 수 있도

록 약 30분 간격으로 실버 카(전기자동차, 바닥이 낮은 것)가 별도로 운행되고 있다.

- 공원택시 승강장에서 개찰구까지 지면에 점자블록이 설치되어 있다.
- 개찰구에 점자로 된 시각장애자용 안내 팸플릿이 준비되어 있다.

(4) 문화 해설을 위한 거점 가이드

요시노가리 공원은 그 특성상 원내의 중요 시설에 유적지와 역사적 배경을 전문적으로 소개·안내할 수 있는 거점 가이드를 두고 있다. 거점 가이드는 방문객에게 흥미를 제공하기 위해 야요이 시대의 복장을 한 전문 스태프가 다양한 유적을 안내하고 있다. 별도의 요금은 받지 않는다.

또한 수학여행이나 소풍 등으로 온 학교 단체를 대상으로 무료로 원내를 안내하는 투어 가이드 제도도 있다.

(5) 체험 이벤트

요시노가리 공원은 구영 공원의 성격을 띠고 있고 소속 현에서 직접 관리하고 있는 공공성이 강한 테마 공원인데도 불구하고 고객의 만족을 이끌어내기 위해 연중 다양한 이벤트를 기획·운영하고 있다. 또한 홈페이지를 방문하면 공원에 대한 자세한 정보는 물론 어린이를 위해 재미있고 알기 쉽게 역사를 배울 수 있는 PC 게임도 별도로 구성되어 있어 고객 중심의 마인드를 가지고 노력하는 그들의 자세를 발견할 수 있다.

특히 야요이 시대의 생활, 역사 체험을 소재로 하는 프로그램이 많이 구성되어 있다. 수시로 동탁銅鐸 두드려보기, 토기 만져보기 등을 비롯, 원시 불 피우기, 흙 피리 만들기, 토기 만들기 등의 체험 이벤트에 참여할 수 있다. 대표적인 이벤트를 몇 가지 소개해본다.

• **요시노가리 유채꽃 행진**

초봄에는 공원에 유채꽃이 만발해 대자연 속에서 사가 현의 역사와 자연, 문화를 체험할 수 있다. 유채꽃 단지 주변에서는 역사체험 걷기대회가 열리기도 한다.

• **요시노가리 사진 콘테스트**

해마다 열리는 사진 콘테스트는 요시노가리 공원을 배경으로 한 풍경, 스냅사진을 주제로 참가자의 작품을 응모하고 있다. 가장 일반화된 이벤트 방법이지만, 역사와 자연에 대한 의식을 강화하고 이 공원에 대한 일반인들의 관심을 유도하기 위한 목적으로 실시되고 있다.

• **여름방학 가족 고대 역사 체험단**

여름방학 기간에 맞춰 8월 중순경 실시되며 장소는 공원의 북쪽 주거지인 '취락 존'에서 열린다. 가족끼리 참가해 정해진 장소를 돌면서 퀴즈에 답하게 되며 고대 역사를 몸으로 체험하게 된다.

일정한 점수를 얻으면 요시노가리 공원의 오리지널 캐릭터 상품과 장식품으로 된 활과 화살, 옥으로 된 장신구 등을 상품으로 받는다.

• **수혈식 주거 숙박체험**

수혈竪穴식 주거 양식은 땅 표면에서 아래로 구멍을 파 내려간 고대인들의 주거 양식을 가리킨다. 매년 10월에 개최되며 일상생활에서 벗어나 야요이 시대에 생활하던 그대로 요리를 만들거나 원시적인 방법으로 불을 지펴보는 체험을 하는 이벤트다. 특히 숙박하면서 가족끼리 조를 편성하여 고대의 음식을 만들어보는 프로그램도 있다.

3) 요시노가리 역사공원에 배울 점

요시노가리 역사공원은 국가와 지방자치단체가 주도하는 공원이므로 환경 조성사업과 지역주민과의 관계는 그다지 깊지 않지만 역사공원과 연계한 건물 건축과 같은 하드웨어적인 면의 계획뿐만 아니라, 자신들의 고장을 자신 있게 선보이고자 하는 지역민의 자긍심과 의식을 고양시키기 위한 소프트웨어적인 면의 노력이 많다.

유적지 발굴 이후 수년간 100만 명 이상의 방문객 왕래가 이어진다고 해도 방문객의 숫자가 지역 활성화를 의미하는 것은 아니다. 따라서 방문객을 통한 파급효과를 어떻게 최대한으로 할 것인가 하는 것이 성공의 열쇠라고 할 수 있다.

야요이 시대의 풍경을 요시노가리의 부락으로 재현하는 것만이 이 역사공원의 목적은 아니다. 지금과 같이 풍족하고 편리한 생활은 아니었지만 지금보다 더 가족과 이웃, 사람을 소중히 여기고 자연친화적이었던 사람들이 있었던 그 시대, 그 사람들의 따뜻한 마음을 느낄 수 있는 시설을 만드는 것이 이 공원이 지향하는 바이다. 결코 화려하진 않지만 자신들의 고향을 자신들의 손으로 가꿔가는 지역민의 애향심과 문화유산에 대한 자긍심을 역사공원과 연계했기에 개발에 박차를 가할 수 있었던 것이다.

제8장

마츠리와 복합 쇼핑 문화공간의 연계 효과 사례

1. 축제와 복합 쇼핑 문화공간의 연계: 기온 마츠리와 캐널시티

복합적인 쇼핑, 문화공간을 지향하는 캐널시티Canal City는 후쿠오카 시福岡市의 도심을 가로지르며 미래형 도시 공간으로서의 새로운 쇼핑 공간 개념을 창출하고 있다. 캐널시티는 단일 주체로서의 가치를 발하기보다는 주변 시설 및 관광자원과의 연계와 융합을 통해 다양한 시너지 효과를 만들어내고 있다. 특히 하카타 기온 야마카사 마츠리가 열리는 기간 축제 행사장 인근에 위치한 캐널시티는 일본은 물론 해외에서 방문한 많은 참가자에게 본래의 상업적인 가치는 물론, 차별화된 문화적 가치를 제공하고 있다.

캐널시티는 방문객의 만족을 극대화하기 위한 도시극장을 표방하며 전문 쇼핑몰과 영화관, 공연극장, 어트랙션과 어뮤즈먼트 시설, 호텔 2곳, 전시관과 쇼룸, 오피스 등 다양한 형태의 쇼핑, 비즈니스, 문화, 엔터테인먼트 등이 한곳에 모인 복합 문화 상업시설이다. 또한 연령과 세대에 관계없이 누구나 참여해 즐길 수 있는 어뮤즈먼트 테마 공간이라 할 수 있다.

일본의 대표적인 유통회사의 하나인 다이에이Daiei 그룹의 지역 연고지이기도 한 후쿠오카의 새로운 지역 명소로 떠오른 캐널시티는 기존의 백화점과는 달리, 개방적이고 테마 중심적인 새로운 형태의 상업시설이다. 캐널시티는 유통시설에 테마파크 등의 다양한 개념을 적용시켜 쇼핑뿐만 아니라 문화와 엔터테인먼트 기능이 어우러진 공간으로써 향후 도심지와 번화가에 들어서 있는 유통 시설물의 변화를 예측하게 하는 획기적 사례이다.

캐널시티는 다양하고 새로운 스페이스 마케팅 개념으로써 공간을 재활용하고, 다양한 가치를 창출하기 위해 기존의 쇼핑시설에 대한 대대적인 수정과 함께 변화적인 요소를 과감하게 도입했다.

먼저 화제성과 상징성을 부여하기 위해 건물 중앙에 운하(커낼canal)를 만들고, 주요 건물들은 양쪽으로 분산시켰다. 또한 화려한 색상으로 변신을 시도한 유통시설과 쇼핑·식음료 전문점, 멀티플렉스 극장과 뮤지컬 극장, 어트랙션과 게임 등의 엔터테인먼트 공간, 그리고 상층에는 비즈니스를 위한 사무실이 들어서 있고 주변에는 숙박시설인 호텔 등이 위치하는 등 매우 다양하고 복합적인 상업시설들로 구성되어 있다.

의도적으로 짧고 효율적인 동선 구조를 채택하지 않고, 오히려 개방적이면서 관람하고 이동하는 데 시간이 많이 필요한 긴 동선을 도입하여 부여된 프로그램과 체험적인 요소에 방문객이 더 많이 노출되고 참가할 수 있도록 전략적인 개념의 공간 구성과 배치에 역점을 두었다.

이것은 테마파크에서도 자주 적용되는 마케팅적 발상으로 '방문객의 체류시간이 길수록 수익성은 증대한다'는 기본 논리를 충실히 지킨 것이다. 많은 문화콘텐츠적인 요소와 엔터테인먼트 요소를 통해 방문객에게 다양한 볼거리와 체험적인 프로그램을 제공하여 만족감을 극대화하면서도 상업적인 효과를 창출하려는 주최 측의 의도를 반영한 결과이다.

캐널시티의 특징 및 상권 현황

위치 후쿠오카 시 하카타 구
교통 현황 지하철 하카타 역에서 도보 10분 거리
입지 특성 교통과 비즈니스의 중심인 하카타 역과 상업 중심지인 덴진 지역의 중간 지점에 위치하며, 야간 유동객의 흡인이 용이
상권 인구 후쿠오카 40km 생활권 내 450만 명
유동인구 1300만 명 예상
부지 면적 3만 4748m²(1만 501평)
연면적 23만 4460m²(7만 24평)
건물 구조 지하 2층, 지상 13층, 높이 50m
투자비 약 800억 엔
시공 기간 1993년 10월~1996년 3월

결과적으로 과거 대부분의 유통기관이 추구하던 원스톱 쇼핑One stop shopping의 방식에서 벗어나 방문객의 체류시간을 최대한 연장할 수 있는 원데이 쇼핑One day shopping 개념을 적극적으로 도입하여 스페이스 마케팅의 효과를 최대화하려는 의도를 엿볼 수 있다.

고객에게 복합적인 쇼핑 문화공간을 제공하려는 새로운 시도는 인근 지역의 상권을 형성하고 있던 다른 경쟁 유통업체와의 차별화에 성공해 경쟁력을 확보하게 되었고, 거시적인 측면에서는 후쿠오카 시 전체의 매력적인 관광자원으로써 자리매김했다.

캐널시티가 위치하는 후쿠오카는 본래 일본의 번영과 성장을 주도하고 있는 간토, 간사이 지방과 멀리 떨어진 규슈 지방에 속하기 때문에 접근성의 한계가 있어 외국에서 주목받기 어려운 지역이라는 성장의 한계가 있었다. 그러나 역사와 전통, 문화재 등의 관광자원이 아니라 쇼핑시설물과 같은 상업시설의 차별화에 성공해 새로운 가치를 창출했고, 지역명소의 하나

로 화제를 모으기 시작하면서 일본에서뿐만 아니라 해외에서도 주목받는 곳이 되었다.

후쿠오카는 전통적으로 유통이 발달한 도시로 치열한 유통 환경의 변화가 끊임없이 시도되었다. 후쿠오카 캐널시티 역시 이런 배경에서 탄생했다. 도시재개발의 일환으로 진행된 이 프로젝트는 오랜 시간이 소요되었음에도 불구하고, 결국에는 매우 선진화된 개념을 도입한 새로운 시설물을 만들어냈다.

당초 1975년 시작된 1차 계획안은 사업성이 미비하여 실행단계에 이르지 못했으나, 1988년 이후 다시 기본 계획안에 수정을 가해 1996년 3월에 정식으로 개장했다. 캐널시티는 약 3만 5000m^{2}에 이르는 부정형 대지에 구성되었으며 후쿠오카 돔, 후쿠오카 타워와 함께 후쿠오카의 상징적인 건물로 꼽히고 있다.

캐널시티의 개점 당일 방문객 수는 20만 명을 상회했으며, 오늘에 이르기까지 다양한 매체를 통한 적극적인 홍보활동이 전개되면서 미래의 환경에 적응할 수 있는 새로운 개념의 유통·상업시설물로서 해외로부터 많은 주목을 받았다. 현재는 새롭게 지역에 활력을 불어넣는 상업시설물로서뿐만 아니라 고객에게 복합적인 가치를 부여하여 새로운 공간가치를 창출하는 스페이스 마케팅의 성공 사례로서 부각되고 있다.

1) 캐널시티 주요 시설

캐널시티는 후쿠오카 시의 중심지인 덴진의 절반 정도를 차지하고 있으며, 기념품점과 전문 가전매장 등의 쇼핑 시설물과 레스토랑, 영화와 뮤지컬을 관람할 수 있는 복합 상영관, 다양한 엔터테인먼트 시설물, 호텔 등의 숙박시설이 함께 들어서 있다.

이곳에서 가장 인기 있는 장소는 캐널시티의 상징처럼 되어버린 인공 운하와 야외 라운지이다. 캐널시티는 스타 코트Star Court, 문 워크Moon Walk, 선 플라자Sun Plaza, 어스 워크Earth Walk, 시 코트Sea Cour 등의 5개 테마 구역으로 구분되어 있다.

스타 코트에는 칠각형의 별을 디자인한 플로어 부분에 63개의 분수 구멍이 있어 이곳을 통해 물이 솟아오르는데 방문객들의 인기를 모으고 있으며 시선을 집중시키는 장소 중 하나이다.

선 플라자는 운하의 중심부 주변에 떠 있는 무대로서 연중 다양한 오픈 이벤트가 펼쳐지며, 공연 시에는 더욱 집객력이 높아지는 장소이다.

'AMC 캐널시티 13'은 일본 최대 규모의 멀티플렉스 영화관으로 13개의 소극장으로 구성되어 있으며 매일 여러 편의 영화가 상영된다.

뮤지컬 전용극장인 후쿠오카 시티 극장은 극단 '사계절四季'의 상설 극장이며 객석과 무대가 가까워 공연자와 관람자가 함께 호흡할 수 있다는 점이 특징이다.

'조이 폴리스'는 일본 게임 산업의 선두주자인 세가Sega가 만든 대규모 어뮤즈먼트 센터로서 12개의 게임 어트랙션과 200대 이상의 게임기가 운영되고 있다.

이 밖에도 숙박시설로는 후쿠오카 관광의 거점인 시티 호텔을 비롯해 그랜드 하얏트 후쿠오카Grand Hyatt Fukuoka, 후쿠오카 워싱턴Fukuoka Washington 호텔 등이 들어서 있다. 워싱턴 호텔은 일본에만 37개 거점에 체인점을 두고 있는 도시형 대형 호텔이고, 하얏트 호텔은 비즈니스와 레저를 겸비한 다목적 호텔이다.

캐널시티의 새로운 명소로 알려진 운하는 내부의 수로를 따라 집객력을

〈표 8-1〉 캐널시티의 주요 상업시설

1. 판매시설 (지하와 1~4층에 위치)	· 쇼핑 전문점(8004평): 본관의 1~4층, 운하 주변의 지하 1~3층에는 패션, 스포츠, 캐릭터·기념품점, 레스토랑 등 다양한 상점이 위치 · 식음료시설 및 레스토랑: 지하 1~4층에 위치 · 슈퍼마켓(6050평): 일본의 대표적 제너럴 머천다이즈 스토어(General Merchandise Store: GMS) 다이에이가 위치 · 컴퓨터 관련 전문 매장: 'T-ZONE'(지하 1층)과 'MEGA VANDLE'(4층)에 위치. 도쿄의 아키하바라와 같은 가전제품 매장
2. 숙박시설(주변)	· 후쿠오카 워싱턴 호텔(3518평/420실): 중급 도시형 호텔 · 그랜드 하얏트 후쿠오카 호텔(1만 2370평/380실): 하얏트의 호텔 중 시설과 내부 분위기는 최고급으로 일본에서 최초, 세계 11번째로 오픈
3. 관람시설	· 복합상영관 AMC CINEPLEX(3125평/13개/2600석): 150~400석 규모로 13개의 영화관을 보유한 일본 최대의 상영관을 확보 · 일본을 대표하는 극단 '사계절'의 뮤지컬을 연중 관람할 수 있는 후쿠오카 시티극장(2057평/1130석)
4. 어뮤즈먼트시설 (엔터테인먼트 어트랙션)	· 세가사의 하이테크 어뮤즈먼트 테마파크인 '후쿠오카 조이 폴리스'(1452평)
5. 업무시설(비즈니스 센터)	· 4~10층: 미술관·전시장(4179평)
6. 주차시설	· 총 1300대 주차 공간 확보(지하 2층에 600대, 상층부에 700대)

자료 : 캐널시티 홈페이지(http://www.canalcity.co.jp) 참조.

높일 수 있는 이벤트 장소와 쇼핑몰 등이 자리 잡고 있다. 또한 2~4층에는 패션, 액세서리, 기념품 외에도 다양한 상품을 판매하는 전문점을 비롯한 상점, 그리고 전시장과 미술관이 위치하고 있다.

지하 1층 태양의 광장 선 플라자 스테이지에서는 세계 각국에서 모인 아티스트들의 퍼포먼스와 라이브 콘서트 등 다채로운 문화 이벤트가 개최된다. 운하를 중심으로 한 공간은 5개의 존으로 구분되며, 물의 흐름으로 만든 자연을 모티브로 한 디자인에서 현대적인 디자인으로 서서히 변화하도록 구성되어 방문객들은 자연을 느끼면서 마치 무대 위에서 연출 장면이 차례로 전개되는 듯한 변화를 느낄 수 있다.

그리고 협곡과 같은 느낌을 주는 건물과 몇 개의 작은 테마로 만남의 장을 형성하는 운하, 그리고 다양한 색채와 곡선을 사용해 독특한 분위기를 창출하고, 다양한 연출기법으로 시간별로 특색 있는 매력적인 공간을 창조하고 있다.

또한, 1년에 두 번 대규모 정기 바겐세일을 비롯한 다양한 프로모션을 전개하고 있다. 5층에는 '라멘 스타디움'이 있는데 일본 전국에서 유명한 8개의 라면 전문점이 한자리에 모여 특색 있는 먹을거리를 제공하고 있다.

캐널시티는 '복합 엔터테인먼트 문화센터'라는 별칭이 붙을 정도로 시간, 계절, 세대, 국적에 관계없이 다양한 계층의 사람들이 흥미를 갖고 즐길 수 있는 다양한 문화행사와 이벤트 프로그램이 펼쳐지고 있다.

특히 운하 중앙에 위치한 '선 플라자 무대' 주변에서는 분수 쇼가 펼쳐지며 한국의 세계적인 비디오 아티스트 백남준의 작품 〈Fuku/Luck, Fuku=Luck, Matrix〉가 벽면에 설치되어 있어 우리에게 더욱 친숙하다.

세로 10대, 가로 18대 총 180대나 되는 TV 모니터를 통해 이미지 연출은 물론, 독특한 예술의 세계를 표현하며 또 서양과 동양의 풍경 등 다채로운 이미지와 배경화면으로 특색 있는 분위기를 조성하고 있다.

복합 엔터테인먼트 쇼핑 문화센터인 캐널시티는 일본 후쿠오카를 여행하는 사람이라면 누구나 한 번쯤 방문하게 되는 랜드마크로서의 역할을 하고 있다.

민간 자본을 중심으로 세워진 이곳은 1996년에 완공된 복합건물로 길이 180m의 운하가 빌딩 전체를 남북으로 가로질러 흐르고 있는데, 주변에 흐르는 강물을 건물 안으로 끌어들여 상징적인 운하를 만들고 자연과 조화를 극대화한 곳으로 잘 알려져 있다. 일본의 남서부 거점 규슈 지방을 대표하는 도심 재개발 프로젝트의 성공으로 지금은 연평균 130만 명의 방문객이

다녀가는 명소로 발전했다.

일본의 고도성장 시대의 결과물이라 할 수 있는 거품경제 붕괴 후, 소비자의 소비행태와 시장 환경의 변화가 일어나자 소매점을 비롯한 여러 상업시설들은 이러한 변화에 적극적으로 대응하기 시작했다. 대부분의 상업시설은 단순히 소비재를 판매하는 장소라는 과거의 관념에서 벗어나, 문화와 유행을 선도하고 쇼핑뿐만 아니라 여가를 선용하고 엔터테인먼트와 식사, 휴식, 소통과 교류, 정보 교환 등의 다양한 목적이 실현되고 충족될 수 있는 복합적인 쇼핑 문화공간으로의 변신이 필요하게 되었다.

본래 이 지역은 과거 후쿠오카 방직공장 부지로서 공장과 하카타 역 이전으로 도심공동화 현상이 급속히 진행되면서 쇠퇴하고 개발에서 소외되어 사람들의 관심에서 멀어진 곳이었다. 후쿠오카 시는 복합적인 상업공간으로 캐널시티 건립을 추진함으로써 낙후된 주변 지역의 활성화를 촉진하고자 했다.

강과 물을 활용한 일본 도시 활성화 프로젝트의 대표적인 사례는 후쿠오카 캐널시티 외에도 기타큐슈北九州의 '리버워크River Walk'가 있다. 도쿄의 유명한 복합 문화공간인 '롯본기 힐스六本木 Hills'와 마찬가지로 이곳 캐널시티도 오랜 노력 끝에 결실을 보게 된 사업이며, 개발회사와 지주, 지방자치단체가 수많은 노력과 협력을 거쳐 개발에 결실을 맺은 일본 도심재개발 비즈니스의 사례이기도 하다.

롯본기 힐스가 번화한 도시 한복판의 인위적이고 인공적인 공간을 자연친화적 도시문화공간으로 재탄생시켰다면, 캐널시티는 버려진 공지空地를 물水의 공간으로 꾸며 새로운 쇼핑 문화공간으로 탈바꿈시켰다.[1]

---

1 "잘 지은 쇼핑몰 하나 … 죽은 도시가 벌떡", ≪조선일보≫, 2011년 9월 28일 자.

캐널시티의 특징 및 상권 현황

개요
캐널시티 하카타는 일본의 규슈 지방을 대표하는 도심재개발 프로젝트로, 후쿠오카 시 중심부인 덴진 역과 JR 하카타 역의 중간 지점의 도심부에 위치한다. 지역경제 활성화에 성공한 대규모 상업시설이며, 복합 엔터테인먼트 쇼핑 문화공간이다.

지역 현황 및 배경
이 지역은 과거 방직공장 부지로서 공장 이전으로 인한 도심공동화 현상이 발생해 급속히 쇠퇴한 곳이었다. 캐널시티의 등장은 낙후된 주변 상권을 부활시키고 후쿠오카 전체의 활성화를 촉진했다.

개발 콘셉트
- 자연과 인간의 조화: 인공으로 조성된 건축물과 물의 도시 후쿠오카의 특성을 조화롭게 연출했다.
- 복합적인 기능의 시너지 효과 창출: 쇼핑과 엔터테인먼트, 문화콘텐츠, 비즈니스 등의 고객만족도 향상과 경제성을 확보했다.
- 도시의 극장: 다양한 엔터테인먼트 요소와 이벤트 프로그램을 제공하여 방문객들의 자유로운 참여에 의해 스스로가 연출자가 될 수 있도록 상업 구조물 전체를 하나의 극장과 같이 연출했다.
- 도시 속 또 하나의 도시 창출: 도시재개발과 공간 효율성을 극대화시켰다.
- 테마의 발굴: 운하를 소재로 한 스토리와 테마를 창출하고 차별화된 이미지 연출에 성공했다.

자료: 캐널시티 홈페이지(http://www.canalcity.co.jp) 참조.

캐널시티에 인접한 하천(나카스中洲)은 후쿠오카를 상징하는 도심 하천으로 주변 강가의 공간 정비를 통해 지역 활성화는 물론이고, 지역 상권을 부활시켜 도심으로부터 사람들의 왕래와 유입을 좀 더 적극적으로 시도했다. 이를 위해 후쿠오카를 관통하는, 강 바로 옆에 있던 버려진 방직공장 창고를 리모델링하여 새로운 빌딩으로 조성하고 건물 내부의 중심부에 강물이 흐르는 테마 공간으로 변화시켰다.

캐널시티는 물과 바람, 공기 등 자연을 결합한 독특한 설계와 더불어 쇼핑도 하고 영화나 뮤지컬도 관람할 수 있으며, 어트랙션에 의한 엔터테인먼트 요소를 제공하는 등의 복합 기능을 적용한 것이 공간을 활용하고 가치를 재창출한 주요한 요인이 되었다.

현재도 시장 환경과 인구 성향 등을 분석하여 마케팅 활동을 전개하고 있으며 다양한 이벤트와 프로모션을 통해 입주한 모든 기업이 꾸준한 수익을 낼 수 있도록 지원하고 있다. 이러한 사후 관리 시스템은 캐널시티를 명소로 만든 밑거름이기도 하다.[2]

이와 유사하게 스페이스 마케팅을 활용해 공간을 재창출하고 가치를 극대화한 사례는 다른 곳에서도 찾을 수 있다. 도쿄에서 약 30km 떨어진 요코하마의 '미나토 미라이 21港未来 21'은 낙후되고 상권에서 벗어난 조선소, 물류 거점 지역과 매립지에 생명력을 불어넣어 새로운 쇼핑 문화를 창조하고 엔터테인먼트 요소를 추가해 주변의 주목을 끄는 명소로 재탄생해 성공한 곳이다.

'미나토 미라이 21'은 전철역과 직접 연결되어 지하 통로와 지상 에스컬레이터를 통해 대형 쇼핑몰과 호텔, 어트랙션과 엔터테인먼트 센터가 복합적으로 구성되어 있는 테마 구역에 연결되도록 설계되었다.

또한 행정 당국에서는 용적률을 완화하여 건물 높이의 제한을 철폐했으며, 건축물 디자인에 대해 차별적인 지원을 하고 녹지 공간 조성 등 공공디자인적인 측면에서의 효율성과 기능성·편리성이 공존할 수 있도록 여러 정책을 도입했다.

1980년대부터 시작되어 2000년대 이후에 빠르게 진행된 이 프로젝트는

---

2 "일본 유후인에 따뜻한 휴식공간", ≪매일경제≫, 2014년 9월 21일 자.

〈사진 8-1〉 캐널시티 내부

입구

상점가

〈사진 8-2〉 캐널시티 내부

운하

운하 주변 상가

일반인의 관심에서 벗어나 활용성이 아주 낮았던 낙후 지역과 오래된 항구를 새로운 트렌드에 맞춰 잘 변화시키고 공간 가치를 다시 활성화시킨 스페이스 마케팅의 성공 사례로 유명하다.

2) 캐널시티의 특징

(1) 자연과 인간이 조화된 도시극장

캐널시티 하카타는 1996년 4월 20일에 오픈한 재개발 프로젝트로, 광활한 부지에 쇼핑몰, 영화관, 공연극장, 어뮤즈먼트 시설과 호텔 2곳, 쇼룸, 오피스 등 다양한 형태의 업종이 한곳에 모인 복합 상업시설이다.

독특한 디자인의 외형을 갖춘 건물들이 곡선을 그리며 늘어선 건물의 중앙에는 인공으로 조성된 운하가 흐르며, 시간별로 다이내믹한 분수 쇼가 펼쳐진다. 음악과 함께하는 분수 쇼는 오전 10시부터 오후 10시까지 매시간 정각에 진행된다. 운하 주변에 마련된 개방 공간과 오픈 스테이지에서는 계절별로 다양한 이벤트와 라이브로 진행되는 콘서트가 매일 개최되며, 특색 있는 엔터테인먼트 프로그램과 체험행사가 열린다.

캐널시티의 주요 콘셉트는 '자연과 인간의 조화'와 '도시의 극장'이다. 이것은 인공으로 조성된 건축물과 물의 도시 후쿠오카의 특성을 조화롭게 구성하며 방문객의 만족도를 높인다. 또한 다양한 엔터테인먼트 요소와 이벤트 프로그램을 제공하고 방문객들의 자유로운 참여를 이끌어내 스스로가 연출자가 될 수 있으며 상업 구조물 전체를 하나의 극장처럼 연출한다.

캐널시티의 주체는 건물이나 기능이 아닌 '사람'이다. 이곳을 찾은 방문객들은 때로는 연출자가 되며 관객이 되기도 한다. 다양한 동기와 목적을 가진 사람들이 자유롭게 방문하여 재미있는 스토리를 만들며 특색 있는 어트랙션과 어뮤즈먼트의 주인공이 될 수 있다.

(2) 시설물의 특징과 차별화

캐널시티는 도심부에 있는 덴진역과 하카타 중앙역의 사이에 위치해 있어 통행인구의 유입을 최대한 확보할 수 있고, 집객력을 높이는 데 밑거름이 되고 있다. 이것은 역세권이라는 지리적인 이점과 접근성의 용이함을 최대한 활용할 수 있어 수익성을 확보하는 데 유리한 측면이 많다는 것을 의미한다.

또한 기존 쇼핑 위주의 전통적인 공간 개념에서 탈피해 주변의 인접한 여러 건물의 기능을 효율적으로 연계할 수 있는 대형 복합 상업시설물을 근간으로 공간의 효율성과 가치를 재창출하는 '미래형 도시 공간'과 '복합 쇼핑 문화공간'이라는 새로운 개념을 도입하는 데 성공했다. 따라서 주위의 대형 호텔과 일체형으로 지어졌으며, 복합 영화관, 게임 시설 등의 대형 상가, 어뮤즈먼트 테마파크 등이 복합 아이템으로 구성되어 고객의 만족도를 높일 뿐만 아니라 체류시간을 연장시켜 경제성을 확보했다.

건물의 특징을 최대한 살리고 여러 방향에서의 동선을 확보함과 동시에 시설물 내부로 방문객의 원활한 진입을 위해 에스컬레이터, 스카이 브리지, 엘리베이터 등을 다량으로 설치해 외부와의 유동성을 원활하게 하고 있다. 충분하지 않은 주차시설을 보완하기 위해 주변 공영주차장과의 충분한 연계를 통해 고객의 불편을 최소화하는 데 주력하고 있다. 그 밖의 캐널시티가 가지고 있는 시설상의 특징과 차별점을 설명하면 다음과 같다.

① 컬러 계획

화려한 컬러의 현대적인 건물로 이루어진 캐널시티에 들어서면 시선을 자극하는 외형과 색상 때문에 이국적인 이미지를 느끼게 되지만, 구조물 하나하나에는 고대부터 일본에 전해져오는 전통색이 사용되어 고전적인 동양의 미가 내재되어 있음을 알 수 있다.

일본의 전통의상인 기모노의 색상처럼 전통적이고 다양한 컬러에 의해 이곳을 찾아오는 사람들은 심리적인 안정감을 얻을 수 있다.

② 계절별 이벤트 프로그램과 이미지 및 특수 연출 효과

캐널시티에는 계절 및 이벤트, 특별 문화행사 등에 어울리는 다양한 인테리어와 연출 방법을 볼 수 있다. 실내조명과 연출 장치 및 특수효과 장치, 소품 등과 같이 다양한 인테리어 도구들이 있으며, 그 밖에 인물과 조경, 주변시설 등을 적절히 활용해서 사계절의 변화를 알려주고 있다. 예를 들어, 나무나 화초가 계절의 변화를 알려주고, 특수 무대를 비롯해 연출 소품, 그리고 운하 위를 흐르는 꽃과 조명 장치 등은 계절과 행사 내용에 따라 늘 변화하며 그때마다 최적·최상의 이미지와 분위기를 조성하고 있다.

특히 여름에는 하카타의 대표적인 마츠리인 '하카타 기온 야마카사 마츠리'의 장식 소품으로 등장하는 오미코시와 특수 장치 등에 의해 전통문화와 현대 건축물이 조화를 이루는 모습을 볼 수 있다.

캐널시티에는 다양한 쇼핑과 식음료 시설이 자리 잡고 있다. 운하 곁에 위치한 캐리커처 숍에서는 작가들이 각각의 화법으로 개성 있는 캐리커처를 그려준다. 고객의 편의와 날씨 및 이벤트적인 연출 효과에 의해 캐리커처 숍의 장소가 이동한다. 250개의 쇼핑시설은 캐릭터와 기념품 상점을 중심으로 패션 제품과 화장품, 잡화, 서점, 생활용품 등을 파는 상점이 있다. 문화 및 캐릭터 상품에는 일본의 대중문화를 소재로 하거나 만화, 애니메이션의 주인공으로 잘 알려진 캐릭터를 바탕으로 디자인된 여러 가지 종류

캐널시티의 이벤트 일정

1월 초 신년 가도마쓰(門松), 시메가자리(締め飾り : 설날 때의 장식)
봄 꽃 등을 사용한 화려한 장식
여름(7월 1~14일) 일본 전통축제인 야마카사 마츠리의 장식용 오미코시, 여름 일루미네이션
가을 핼러윈(Halloween) 인테리어
겨울 크리스마스 일루미네이션

의 상품들이 잘 갖추어져 있다. 인기 있는 캐릭터 상품으로는 점프Jump와 포켓몬Pokemon, 산리오Sanrio, 디즈니Disney 등이 있다.

레스토랑 등의 식음료 시설에는 일본 전통 요리부터 면류, 서양 요리 그리고 후쿠오카의 향토 요리에 이르기까지 다양한 상점이 있다.[3]

③ 이벤트 프로그램

분수 주변과 오픈 스테이지를 중심으로 'Canal Incubation Stage', 'HMV PRESENTS LIVE' 등 연중 다양한 스테이지 이벤트, 라이브 콘서트가 개최된다. 또한 봄, 여름, 가을, 겨울 계절별로 기획된 이벤트와 주변의 지역행사와 연계한 다양한 이벤트가 상시적으로 열려 이곳이 단순한 쇼핑시설이 아닌 다양한 문화와 정보, 엔터테인먼트를 제공하는 복합 문화공간으로서의 존재감을 어필하는 데 충분하다. 또한 프로모션 캠페인으로 경품 제공이나, 쿠폰을 발행하는 등의 다양한 인센티브, 프리미엄 방식의 프로모션이 실시되어 현장에서의 구매를 자극하고 있다.

---

3 후쿠오카 워싱턴 호텔 홈페이지(http://washington-hotels.jp/fukuoka/) 및 그랜드 하얏트 후쿠오카 홈페이지(http://fukuoka.grand.hyatt.com) 참고로 내용 수정.

〈사진 8-3〉 캐널시티의 이벤트

이벤트 홀(문화행사)

판촉 이벤트

참고문헌

국가균형발전위원회·국토연구원·한국지방행정연구원. 2006.「살기좋은 지역만들기: 유형별 해외사례」.

국토연구원. 2002.『세계의 도시』. 한울.

기타모토 마사타케(北本正武) 외. 2006.『이벤트의 천재들』. 커뮤니케이션북스.

김동식 외. 2001.『날씨마케팅』. 지식공작소.

김양주. 1993.「신도(神道) 신사(神社) 마츠리(祭): 인류학적 관점에서 본 일본 종교문화의 한 양상」. 종교문화연구원.『구원이란 무엇인가』. 창.

김염제. 1991.『소비자 행동론』. 나남.

김영순 외. 2006.『축제와 문화콘텐츠』. 다할미디어.

김은영. 2000.「테마파크 이용객 라이프스타일에 따른 선택속성 요인에 관한 연구」. 세종대학교 경영대학원 석사학위논문.

김재민. 1996.『신관광경영론』. 일신사.

김종의 외. 2004.『마케팅이론의 응용 및 특수마케팅』. 형설출판사.

김준기 외. 1996.『테마의 시대』. 세진사.

김창남. 2003.『대중문화의 이해』. 한울.

김천중·임화순. 1999.『관광상품론』. 학문사.

김춘식·남치호. 2005.『세계 축제경영』. 김영사.

김태일. 2002.「지역이벤트의 홍보전략에 관한 사례연구-광주김치축제를 중심으로」. 광주대학교 대학원 석사학위논문.

김희진. 2001.『IMC시대의 이벤트기획론』. 커뮤니케이션북스.

_____. 2004.『세일즈 프로모션』. 커뮤니케이션북스.
_____. 2005.『광고프레젠테이션의 실제』. 커뮤니케이션북스.
_____. 2007.『일본테마파크의 사례와 전략』. 커뮤니케이션북스.
김희진 외. 1997.『세일즈 프로모션 이론과 전략』. 한국광고연구원.
_____. 2006.『이벤트전략과 기획실무』. 월간이벤트.
다니구치 마사카즈[타니구치 마사카즈(谷口正和)]. 2003.『노는 힘을 기른다』. 김희진 옮김. 지식공작소.
다카하시 마코토(高橋誠). 2002.『기획력을 기른다』. 김영신 옮김. 지식공작소.
도비오카 겐(飛岡健). 1998.『이벤트의 마술』. 최유진 옮김. 김영사.
동경광고마케팅연구회(TAMA). 1996.『텔레마케팅 혁신전략』. 장백.
_____. 1998a.『멀티미디어 광고전략과 실제』. 커뮤니케이션북스.
_____. 1998b.『신이벤트 마케팅전략』. 커뮤니케이션북스.
_____. 1999.『캐릭터 마케팅의 이론과 전략』. 케이에이디디.
류선우. 2006.「유통업계 할인점의 SP전략에 관한 사례연구」. 광주대학교 대학원 석사학위논문.
류정아. 2003.『축제인류학』. 살림.
문시영. 2005.「문화관광축제 정책방향」. 제2회 한국이벤트컨벤션학회 세미나(2005.12).
문원호. 1996.『국제문화 예술제와 도시발전』. 도시문제.
문화관광부. 2006~2007.『문화관광축제 종합평가보고서』.
문화체육부. 1995~1996.『한국의 지역 축제』.
박명호 외. 2000.『마케팅』. 경문사.
박승준. 2000.「세일즈 프로모션 효과와 심리학 이론에 관한 고찰」. ≪상암기획 연구논문집≫, 하반기호.
박신의 외. 2002.『문화예술 경영 이론과 실제』. 생각의 나무.
박원기 외. 2003.『개정판: 광고매체론』. 케이에이디디.
박정기. 2003.『문명이야기』. 삶과 꿈.
서범석. 2001.『옥외광고론』. 나남.
_____. 2004.『광고기획론』. 나남.
서울시정개발연구원. 2002.「문화도시 서울을 위한 문화공간 기획에 관한 연구」(2002.2)

시노자키 료이치(篠崎良一). 2004.『홍보, 머리로 뛰어라』. 장상인 옮김. 월간조선사.
안석근. 1990.「산업사회 도시축제의 기능에 관한 연구」. 중앙대학교 대학원 석사학위 논문.
언더힐, 파코(Paco Underhill). 2002.『쇼핑의 과학』. 신현승 옮김. 세종서적.
엄서호·서천범. 1999.『레저산업론』. 학현사.
유승우 외. 2004.『지역축제가 농촌지역 활성화에 미치는 영향』. 한국농촌경제연구원.
유현옥. 2003.『도깨비 되어볼까: 춘천마임축제 리포트』. 다움.
윤기훈. 1996.「SP미디어 광고의 현황과 전망」. ≪제일기획사보≫, 6월호.
윤용성. 2001.「지역이벤트의 기획. 운영조직에 관한 연구 — 전남 지역을 중심으로」. 광주대학교 언론홍보대학원 석사학위논문.
이각규. 2001a.『21세기 지역이벤트전략』. 커뮤니케이션북스.
______. 2001b.『이벤트 성공의 노하우』. 월간이벤트.
이경모. 2005.『이벤트학원론』. 백산출판사.
이봉석 외. 1998.『관광사업론』. 대왕사.
이상일. 1996.『놀이문화와 축제』. 성균관대학교출판부.
이시훈. 2000.『인터넷 광고효과모델』. 커뮤니케이션북스.
이영식. 1997.『이벤트 PD』. 청문각.
이왕건. 2005.「지역공동체 조성과 민관협력」. ≪국토연구≫, 통권 288호, 19~26쪽(2005.10).
이주한. 2000.「테마파크 이용객의 만족도에 관한 연구」. 경기대학교 대학원 석사학위 논문.
이현식. 2006.「한국의 지역축제 지원정책 현황」.『축제정책과 지역현황』. 연세대학교 출판부.
임영수. 2003.「테마파크 산업의 서비스 마케팅 믹스 戰略에 관한 考察」, ≪관광경영학 연구≫, 제7권 제1호, 169~190쪽(2003.2).
임의택. 2004.『이벤트론』. 대왕사.
임하영. 2005.「전남 지역이벤트의 문제점과 개선방안에 관한 연구」. 광주대학교 대학원 석사학위논문.
장대련. 1996.「마케팅·광고·판촉의 통합평가방법」. ≪월간 마케팅≫, 제30권 제8호, 38~41쪽.

장영렬 외. 2002.『이벤트 운영 실무』. 커뮤니케이션북스.
_____. 2003.『세일즈이벤트 전략실무』. 월간이벤트.
전성환. 1997.『실전이벤트 기획론』. 예영커뮤니케이션.
전성희. 2004.「춘천마임축제의 현황과 발전방안」. ≪한국연극연구≫, 제7권, 259~298쪽.
전영옥. 2003.「어메니티(Amenity)가 도시경쟁력이다」. ≪SERI CEO Information≫, 제384호, 1~24쪽(2003.1).
정강환. 1996.『이벤트 관광전략』. 일신사.
정기주. 1994.「판매·반복구매·상표선택에 있어서 쿠폰 프레이밍의 분리모형과 통합모형의 비교」. ≪광고연구≫, 가을호, 235~262쪽.
정재선. 1995.「우리나라 주제공원의 개황 및 발전방향」. 한국관광공사. ≪관광정보≫, 1·2월호, 38~52쪽.
주민경. 2004.「사이코그래픽스와 테마파크 선택행동의 관계」. 광주대학교 대학원 석사학위논문.
최재완. 2001.『이벤트의 이론과 실제』. 커뮤니케이션북스.
코래드 광고전략연구소. 1996.『광고대사전』. 나남.
코틀러, 필립(Philip Kotler). 1987.『최신마케팅론』. 유동근 옮김. 석정.
_____. 1988.『마케팅관리론』. 윤중현 옮김. 범한서적.
_____. 1996.『현대 마케팅』. 윤훈현 옮김. 석정.
포터, 마이클 E(Michael E. Porter). 1992.『경쟁우위』. 조동성 옮김. 교보문고.
플로리다, 리처드(Richard Florida). 2002.『CREATIVE CLASS: 창조적 변화를 주도하는 사람들』. 이길태 옮김. 전자신문사.
한국관광공사. 1986.『국민관광연구의 이론과 실제』. 한국관광공사.
한국도시연구소. 2003.『도시공동체론』. 한울.
한국문화경제학회. 2002.『문화경제학 만나기』. 김영사.
한상진. 1999.『도시와 공동체』. 한울.
현대경영연구소. 2000.『회사 이벤트기획 백과』. 승산서관.
현연경. 2002.「온라인상에서 소비자의 충동구매를 유발시키는 영향요인 연구」. 광주대학교 대학원 석사학위논문.
호일, 레오나드(Leonard Hoyle). 2005.『이벤트마케팅』. 박용희 옮김. 경문사.
홍성태. 1997.『소비자 심리의 이해』. 나남.

홍형옥. 「생활자의 일상성과 살고 싶은 도시」. ≪국토연구≫, 통권 288호, 6~18쪽 (2005.10).
히라노 아키오미(平野暁臣). 2002. 『이벤트플래닝 핸드북』. 정무형 옮김. 한울.

통계청 홈페이지(http://kosis.nso.go.kr).
≪월간이벤트≫, 2006년 3월호~2007년 4월호.

ゲーリー・フェラーロ. 1992. 『異文化マネジメンド』. 江夏健一 訳. 東京: 同文舘.
ブレーン編輯部. 1991. 『企業文化創造の時代』. 東京: 誠文堂新光社.
高橋油郎. 1995. 『企劃イベント発想小事典』. 東京: ぎょうせい.
高橋由行. 1998. 『企劃大事典』. 東京: KKベストセラーズ.
広告用語事典プロジェクトチーム 編. 1990. 『広告用語事典』. 東京: 電通.
_____. 1999. 『広告用語事典』. 東京: 電通.
国谷宇太. 1994. 『大規模イベント企劃実務資料集』. 東京: 綜合ユニュム.
根本昭二郎. 1993. 『広告コミュニケーション』. 東京: 日経広告研究所.
及川良治. 1995. 『マーケッティング通論』. 東京: 中央大学出版部.
大島暁雄 外. 1983. 『民俗探訪事典』. 東京: 山川出版社.
大木真煕. 1995. 「クーポン広告からのメッセージ」. ≪日経広告研究所報≫, 第144号.
渡辺隆之 外. 2000. 『セールスプロモーションの実際』. 東京: 日本経済新聞社.
藤江喜郎. 1990. 『クーポン広告と新聞』. 東京: 日本新聞協会.
鈴木邦雄. 2000. 『陳列と販促の教科書』. 東京: 商業界.
鈴木典非古. 1992. 『国際マーケティング』. 東京: 同文舘.
梅沢正一. 1992. 『企業文化の革新と構造』. 東京: 有斐閣.
柏木重秋 編. 1994. 『現代消費者行動論』. 東京: 白桃書房.
福田知行. 1994. 『大成功するイベント·展示のメリ方』. 東京: 中経出版.
西川明宏. 1998. 『クーポン広告に対する広告主の反応』. 東京: 日経広告研究所報.
石井敏 編. 1992. 『異文化コミュニケーションン』. 東京: 有斐閣.
星野克美 編. 1993. 『文化·記号のマーケティング』.東京: 国元書房.
小林太三郎. 1997. 『大木真煕, クーポン広告』. 東京: 電通出版社.

小坂善治郎. 1998.『イベント戦略の実際』. 東京: 日本経済新聞社.
守口剛. 1989.「プロモーションの質的効果」. *marketing science*, No. 34, pp.13~24.
安藤貞之. 1996.『タイレクトメール』. 東京: ダウィット社.
野村総合研究所. 1993.『企業の意と風土』. 東京: 野村総合研究所.
原沢明. 1998.『イベント戦略入門』. 東京: 産能大学出版部.
油井陵. 1995.『展示学』. 東京: 電通選書.
恩蔵直人. 1999.「クーポンにおける新たな動向とマーケテイングへのインパクト」. ≪JAPAN MARKETING JOURNAL≫, 第61号, pp.82~90.
日経広告研究所 編. 1989.『広告用語辞典』. 東京: 日本経済新聞社.
日経産業新聞. 1999.『市場占有率2000年版』. 東京: 日本経済新聞社.
日本イベントプロデュース協会. 1999.『イベント戦略データファイル』. 東京: 日本通商産業省.
日本開発銀行調査部. 1995.『予測 日本の産業地図』. 東京: ダイヤモンド社.
田島義博. 1989.『クーポン·プロモーション』. 東京: ビジネス社.
田村明. 1989.『プロモーション戦略について』. 大坂産業大学論集社会科学論, 第63号.
電通通スペースメディア研究会·電通集客装置研究所. 1996.『新集客力』. 東京: PHP研究所.
井原哲夫. 1999.「サービス市場における企業戦略」. ≪広告月報≫, 2月号, pp.6~11.
竹内芳郎. 1984.『文化の理論のために』. 東京: 岩波書店.
重田豊彦. 1993.『進撃する SP』. 東京: 電通.
清水公一. 1993.『広告理論と戦略』. 東京: 創成社.
村田昭治. 2000.『マーケティング 用語事典』. 東京: 日本経済新聞社.
坂井田稲之. 1993.『プロモーション企画技法ハンドブック』(1993年 6月号), 東京: 日本能率協会総合研究所.
坂井田稲之. 1995.『SP プラナー入門』. 宣伝会議.
坂井田一之. 1996.『プロモーション企劃技法ハンドブック』. 東京: 日本能率協会.
八巻俊雄. 1998.『広告小辞典』. 東京: ダイヤモンド社.
平野繁臣. 1995.『イベント富国論』. 東京: 東急エージェンシ.
平塚善伸.『日本のクーポンビジネスの現状」. ≪日経広告研究所報≫, 第126号,

pp.21~25.
和田創. 1992.『ビジネス企劃書の作成技法』. 東京: 日経経済新聞社.
ADSEC 編. 1986.『広告の記号論』. 東京: 日経広告研究所.
Kotler, Philip. 1996.『マーケティング 原理』. 東京: ダイヤモンド社.

≪DIME≫, 2007年 2月 6日字.
≪ブレーン≫, 1996年 12月号.
≪レジャー産業≫, 1997年 12月号.
≪商業界≫, 2002年 2月号.
≪日経イベント(月刊)≫, 1995~1999.
≪電通広告年監≫, 1995~1999.

Bennett, Peter D. 1988. *Dictionary of Marketing Terms*. Chicago: The American Marketing Association.
Blattberg, Robert C. and Scott A. Neslin. 1990. *Sales Promotion Concepts, Methods and Strategies*. Englewood Cliffs, N.J.: Prentice Hall.
Brown, Lester R. et al. 1988. *State of the World 1988*. New York: W.W.Norton & Company.
Dodson, Joe A., Alice M. Tybout and Brian Sternthal. 1978. "Impact of Deals and Deal Retraction and Brand Switching." *Journal of Marketing Research*, Vol. 15, No. 1.
Hovland, Carl I., Irving L. Janis and Harold H. Kelly. 1963. *Communication and Persuation*. New Haven: Yale U.P.
Lawless, Jerald F. 1982. *Statistical Models and Methods for Lifetime Data*. New York: Wiley.
Mcdonnell, Ian, Johnny Allen and William O'Toole. 1999. *Festival and special event management*. John Wiley & Sons.
Mervyn Jones, T. S. 1994. "Theme Parks in Japan." *Program in Tourism, Recreation and Hospitality Management*. John Wiley & Sons.

Nielsen Clearing House. 1990. *Coupon distribution and redemption patterns*. Chicago: Nielsen Clearing House.

Prentice, Robert M. 1975. *The CFB Approach to Advertising / Promotion Spending*. Cambridge, MA: Marketing Science Institute.

Ritchie, J. R. Brent. 1984. "Assessing the impact of hallmark events." *Journal of Travel Research,* Vol. 23, No. 1.

Robinson, William A. and Christine Hauri. 1995. *Promotional Marketing*. Lincolnwood, IL: NTC Business Book.

Schreiber, Alfred L. and Barry Lenson. 1995. *Life Style & Event Marketing*. New York: Mcgraw Hill.

Shimp, Terence A. and Alican Kavas, 1981. "Attitude Toward the Ad as a Mediator of Consumer Brand Choice." *Journal of Advertising*, No. 10.

Thaler, Richard H. 1985. "Mental accounting and consumer choice." *Marketing Sci,* Vol. 4, No. 3.

Theil, Henri. 1971. *Principles of Econometrics*. New York: Wiley.

Vaughn, Richard. 1980. "How Advertising Works: A Planning Model." *Journal of Advertising Research*. Vol. 20, No. 5.

Webster Jr., Frederic E. 1981. *Marketing Communication*. New York: The Ronald Press Company.

Wilkie, William L. 1986. *Consumer Behavior*. John Wiley & Sons.

| 지은이 |

김희진

광주대학교 광고이벤트학과 교수이며, 광주대학교 문화이벤트연구소장이다. 중앙대학교 광고홍보학과를 졸업한 후, 일본 와세다(早稲田) 대학을 거쳐 일본 주오(中央) 대학에서 상학 박사 학위를 받았다. 한국 이벤트컨벤션학회 부회장과 동방기획전략연구소 자문교수를 역임했으며, 현재 전남발전정책 축제자문위원회 자문위원이다. 주요 저서로는 『일본 테마파크의 사례와 전략』(2007), 『문화예술축제론』(공저, 2010), 『MICE, 고부가 전시이벤트』(2010), 『이벤트』(2013), 『테마파크의 이론과 실제』(2016), 『파크를 떠난 테마파크』(2016) 등이 있다.

한울아카데미 1900

일본 전통축제 마츠리의 이해와 사례

지은이 | 김희진
펴낸이 | 김종수
펴낸곳 | 한울엠플러스(주)
편집책임 | 배유진
편집 | 양혜영

초판 1쇄 인쇄 | 2016년 5월 26일
초판 1쇄 발행 | 2016년 6월 10일

주소 | 10881 경기도 파주시 광인사길 153 한울시소빌딩 3층
전화 | 031-955-0655
팩스 | 031-955-0656
홈페이지 | www.hanulmplus.kr
등록번호 | 제406-2015-000143호

Printed in Korea.
ISBN 978-89-460-5900-9 93910

* 책값은 겉표지에 표시되어 있습니다.